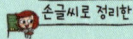

세계사 노트 2

초판 1쇄 발행 2022년 2월 22일

글쓴이 최유림 | **감수** 구학서
펴낸이 황정임
펴낸곳 ㈜노란돼지
등록번호 제 2021-000038호 | **등록일자** 2021년 3월 22일
주소 경기도 파주시 문발로 115(파주출판문화정보산업단지), 307 (우)10881
전화 031-942-5379 | **팩스** 031-942-5378
기획진행 멋지음Book林 | **마케팅** 이주은, 이수빈, 고예찬 | **경영지원** 손향숙
일러스트 곽병철 | **표지/본문 디자인** 메이크디자인

ISBN 979-11-977291-7-1 74900
　　　　979-11-977291-5-7 74900(세트)

품명 손글씨로 정리한 세계사 노트 2 **제조자명** 푸른등대 **제조국** 대한민국
주소 경기도 파주시 문발로 115(파주출판문화정보산업단지), 307 **연락처** 031-942-5379
제조년월 2022년 2월 22일 **사용연령** 10세 이상
KC마크는 이 제품이 공통안전기준에 적합하였음을 의미합니다.

 종이에 베이거나 긁히지 않도록 조심하세요.
　　책 모서리가 날카로우니 던지거나 떨어뜨리지 마세요.

도서출판 노란돼지는 독자 여러분의 의견을 기다립니다. yellowpig.co.kr

 푸른등대는 바다에서 길을 찾을 때 도움을 주는 등대처럼
　　　지혜로운 삶에 도움이 되는 책을 펴냅니다.

 손글씨로 정리한

세계사 노트 2

최유림 지음 / 구학서 감수

저자 서문

역사 공부, 지구촌 사람들을 만나는 가상현실!

흔히 역사는 과거와 현재의 대화라고 해요. 돌이킬 수도 없고 바꿀 수도 없는 지난 일을 통해 지금을 살아가는 방법을 알 수 있게 해 주니까요. 과거가 현재의 거울인 셈이지요. 게다가 미래에 일어날 일에 대한 대비도 어느 정도는 가능하게 해 주니 역사를 아는 것은 중요해요.

그런데 '몇 년에 어떤 사건이 일어났고, 원인이 무엇이며 과정과 결과는 어떠하다.' 라고 외우기만 하는 것은 지루하고 재미없어요. '사건이 일어난 배경이 무엇이었을까? 과정은 왜 그렇게 전개되었을까? 결과가 너무 안타까운데, 다른 선택을 했더라면 결과가 달라졌을까?' 등등 의문을 가지고 역사를 접해야 재미를 느낄 수가 있어요. 그러려면 '왜 그런 일이 일어났지? 왜 그렇게 처리했지? 나라면 이렇게 했을 것 같은데….' 라는 생각을 하면서 과거로 자신을 보내는 작업이 필요하지요. 마치 타임머신을 타고 과거의 어느 때로 간 영화의 한 장면처럼 말이에요. 이러한 작업이 이루어지려면 사건이 일어난 배경지식을 어느 정도는 알고 있어야 하기에 역사가 암기 과목이 되어버리는 거예요.

흑인, 백인, 황인이 한데 어울려 사는 지구. 80억이라는 현재의 인구뿐만 아니라 몇천 년 동안 몇억, 몇십억 명의 인구가 사는 지구. 유럽, 아시아, 아프리카, 아메리카, 오세아니아 등에 널리 분포되어 사는 지구. 지구의 수많은 나라와 사람이 서로 영향을 주고받은 흔적인 역사를 이해하기 위해서는 흐름과 핵심 파악이 필요해요. '우리나라에서 이런 일이 일어났을 때 유럽은 저런 상태였구나! 동양과 서양의 문명 전성기가 다른 이유는 이것 때문이었구나! 동남아시아나 남아메리카, 아프리카에 대해 많이 모르는구나!' 등등을 염두에 두면서 역사를 접하면 흐름과 핵심 파악이 어느 정도는 가능해지지요. 또한 각 나라가 어떻게 생겨났고, 어떻게 발전하였으며, 어떻게 멸망했는지를 억지로 외우지 않아도 된답니다.

단순히 암기만 하는 건 역사 공부가 아니에요. 80억 지구촌 사람들의 과거를 만나는 가상현실을 체험하는 것이 역사 공부이지요. 이 책을 통해 인류의 시작부터 2021년 현재에 이르는 세계 곳곳의 역사가 차곡차곡 쌓여 여러분에게 미래를 준비하는 증강현실이 되기를 바랍니다.

 손글씨로 정리한

세계사 노트 2

최유림 지음 / 구학서 감수

똑똑똑 역사 시리즈

똑똑하게 배우고, 똑소리나게 익혀서,

똑바로 이해하는, 똑똑똑 역사 시리즈는

더불어 살아가야 할 미래 사회에

세계의 한 구성원으로 살아갈 수 있는

방법과 지혜를 가르쳐주는 책이랍니다.

손글씨로 정리한 **한국사 노트 1, 2**

손글씨로 정리한 **중국사 노트**

계속 출간됩니다.

 차례

3장 유럽의 팽창이 이루어진 세계

10 변화의 시작 14

11 격변하는 유럽 35

12 아메리카의 변화 56

13 확장하는 유럽과 요동치는 아시아·아프리카 71

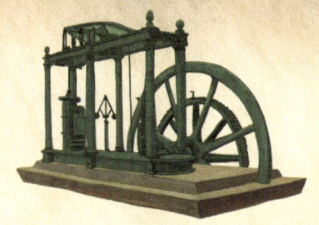

4장 두 번의 세계 대전으로 달라진 세계

14 제1차 세계 대전과 변화　118

15 제2차 세계 대전과 변화　142

16 냉전 체제와 제3세계　166

17 오늘날의 세계　179

유럽의 팽창이 이루어진 세계 3장

10 변화의 시작

11 격변하는 유럽

12 아메리카의 변화

13 확장하는 유럽과 요동치는 아시아·아프리카

10 변화의 시작

1. 이베리아반도의 대항해

서양의 역사에서 중세라는 말을 들어 본 적 있어? 중세 란 472년 서로마 제국의 멸망부터 1453년 비잔티움 제국의 멸망, 혹은 1492년 콜럼버스의 신대륙 발견까지의 약 1천 년의 기간을 말해. 중세는 주로 유럽 사회에 적용되는 시대 구분으로, 암흑기라고 표현하기도 해. 이 시대의 역사 기록이 별로 남아 있지 않고, 로마 시대보다 뒤떨어진 모습을 보였으며, 신 중심의 세계관으로 인해 과학과 철학의 발전이 미미해서 암흑기라고 표현한 거야. 과학과 문화가 발달했던 같은 시기 아시아에 비하면 중세 유럽이 낙후된 것은 사실이었으니, 이 표현이 어울리는 것 같기도 해. 이랬던 유럽도 대항해 시대를 이끌어 내면서 활기를 띠고 발전하게 된단다.

대항해 시대 란 유럽의 일부 나라들이 본격적으로 새로운 바닷길로 새로운 땅을 찾아 나섰던 시기야. 15세기가 시작되었을 때만 해도 해양 무역의 주도권은 중국과 이슬람 세계가 쥐고 있었어. 명나라가 이슬람교를 믿는 환관 정화를 앞세워 인도양을 지배했다는 것은 알고 있지? 그러나 15세기가 저물 무렵에는 세계의 바다를 누빈 주역이 유럽의 탐험가들로 교체된단다. 단순히 바다의 주역만 바뀐 것이 아니라 이후 전개된 근대 역사의 주역도 바뀐 거지.

유럽에서 가장 먼저 신항로 개척에 관심을 보인 나라는 포르투갈과 에스파냐였어. 당시 유럽의 무역 중심지는 지중해였는데, 이베리아

반도의 포르투갈과 에스파냐는 지중해 무역에 잘 끼지 못했어. 이베리아반도의 위치가 지중해 서쪽 끄트머리였거든. 게다가 포르투갈과 에스파냐는 이베리아반도의 이슬람 세력을 몰아내기 위해 전쟁을 계속하느라 많은 돈이 필요했어. 통일 왕국을 유지할 관리와 군대를 운영하는 비용도 마련해야 했고. 이 모든 것을 해결하기 위해 황금알을 낳아 줄 신항로를 개척하는 일이 꼭 필요했지.

처음으로 대항해 시대를 연 사람은 포르투갈 의 엔히크 왕자였어. 그는 가톨릭 신앙을 전파하고, 경제적으로 부유해지며, 이슬람 세력을 축출하고 싶은 마음에서 신항로 개척을 적극 지원했어. 해양 학

희망봉

1488년 바르톨로메우 디아스가 아프리카 대륙의 남단을 확인하고 포르투갈로 돌아가는 길에 발견한 곶이야. 유럽과 인도를 잇는 항로 개척의 가능성을 확인했다는 의미에서 희망봉이라고 이름 지었대.

교를 세우고 선박과 항해 기구를 발명하고 개선했지. 이에 힘입어 1488년 바르톨로메우 디아스는 아프리카의 희망봉으로 가는 항로를 개척했고, 바스쿠 다가마는 희망봉을 돌아 인도까지 갔어.

지구가 둥글다고 주장한 토스카넬리를 믿은 제노바 출신 콜럼버스 는 1492년 서쪽으로 나아가는 대서양 항해를 시작했어. 에스파냐의 후원으로 마련한 산타마리아호를 비롯한 세 척의 배로 33일간 항해하여 지금의 서인도제도에 도착했지. 그는 아메리카를 인도로 착각하여 아메리카 원주민을 인디언이라고 불렀단다.

1519년 마젤란 과 에스파냐 함대는 에스파냐에서 출발해 남아메리카를 거쳐 태평양을 횡단했어. 마젤란은 필리핀에서 죽었지만, 살아남은 그의 선원들은 최초로 세계 일주에 성공했지.

아프리카 서해안을 개척한 포르투갈은 노예 무역 을 했어. 아프리카 사람들을 잡아다가 아메리카 대륙에 노예로 판 거야. 아프리카 원주민들을 가축처럼 취급한 거란다. 포르투갈은 인도 항로를 개척한 후 인도의 고아, 말레이시아의 말라카, 중국의 마카오 등지에 기지를 건설해 인도양 무역을 주도했어.

유럽 무역의 변화

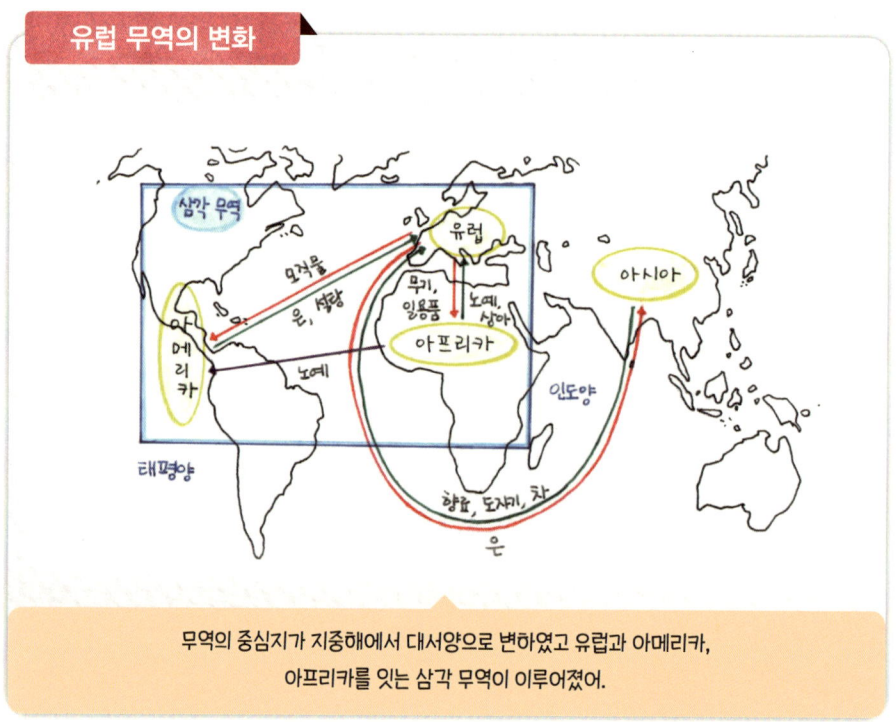

무역의 중심지가 지중해에서 대서양으로 변하였고 유럽과 아메리카,
아프리카를 잇는 삼각 무역이 이루어졌어.

에스파냐는 아메리카 중남부를 주요 침략 대상으로 삼았어. 멕시코의 아스테카는 코르테스에 의해 짓밟혔고, 페루의 잉카는 피사로에게 정복당했어. 이 과정에서 침략자들이 행한 가혹한 행위는 상상을 초월했지. 홍역과 천연두 같은 전염병을 옮겨 많은 원주민이 죽기도 했고. 에스파냐 사람들은 유럽에서 가져온 밀, 사탕수수 등을 재배하고 가축을 사육하는 대규모 농장을 운영했어. 이때 부족한 노동력은 아프리카에서 데려온 흑인 노예들로 해결했지. 그렇지만 약탈해 온 재화에 의존했던 에스파냐의 번영은 오래가지 못했어. 사치에 탐닉한 에스파냐의 금과 은은 주변 나라들로 흘러들어 영국, 프랑스, 네덜란드의 산업 발달을 불러왔단다.

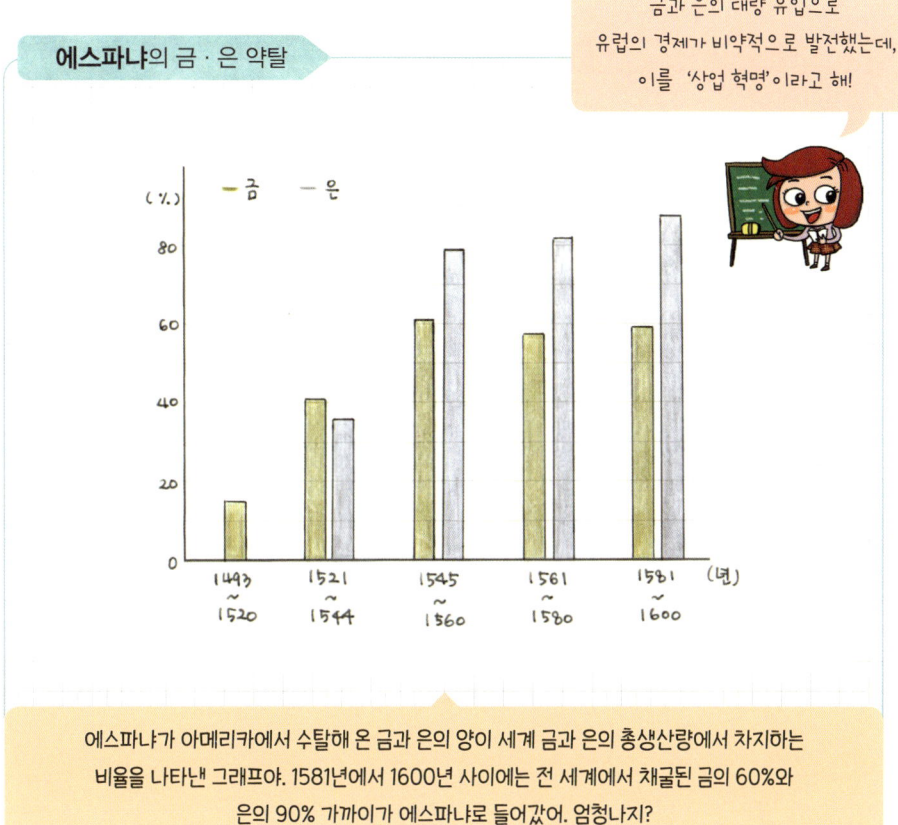

에스파냐가 아메리카에서 수탈해 온 금과 은의 양이 세계 금과 은의 총생산량에서 차지하는 비율을 나타낸 그래프야. 1581년에서 1600년 사이에는 전 세계에서 채굴된 금의 60%와 은의 90% 가까이가 에스파냐로 들어갔어. 엄청나지?

자신들이 믿는 종교를 이용해 정복을 정당화하고, 경제적으로 착취하고, 원주민의 삶을 짓밟은 포르투갈과 에스파냐를 바라보는 원주민들의 마음은 어떠했을까? 많이 힘들고 괴롭지 않았을까? 그들이 믿던 신앙이 아닌 다른 종교를 강요받았을 때는 어떠했을까? 과거 사실을 여러 방면에서 다양하게 바라보고 생각의 폭을 넓혀야 해. 이를 위해 역사를 배우는 것이란다.

2. 루터와 종교 개혁

목적 달성을 위해 종교를 이용하는 일은 유럽 대륙에서도 일어나고 있었어. 사람들의 일상을 장악하고 있던 가톨릭교회는 사람들에게 고통을 안겨 주고 있었지. 사람들은 과도한 교회세를 강요받으면서 성직자의 타락을 지켜봐야 했고. 이 상황을 악화시킨 건 피렌체 메디치 가문 출신의 사치스러운 교황 레오 10세였어. 그는 성 베드로 성당을 짓는 데 필요한 재원을 마련하기 위해 면벌부를 판매했어. 가톨릭은 죄를 지은 인간이 진정으로 뉘우치면 죄는 용서받지만, 죄에 따른 벌은 받아야 한다는 교리를 가지고 있어. 면벌부 는 이 벌을 면해 준다는 약속 증서로, 자선사업에 필요한 자금을 모으거나 교회 운영에 필요한 경비를 채우려고 판매되었어.

16세기 초, 독일의 루터 는 면벌부 판매를 비판하며, 개인을 구원하는 것은 개인의 믿음과 은총이라고 주장했어. 신앙의 기준은 성경이 되어야 한다고 했지. 또한 성경에 근거가 없다며 교황 제도를 부정하였고, 성직자와 교회의 권한이었던 성경의 해석도 각자의 양심에 따라 해석할 수 있다고 주장했어.
이러한 내용을 담은 〈95개조 반박문〉 이 1517년에 발표되면서 가톨릭 종교 개혁이 시작되었단다. 가톨릭교회는 루터를 탄압했지. 그러나 교황이 가져가던 엄청난 부에 불만을 느끼고 있던 독일의 제후들과 사람들은 루터를 지지했어. 교황은 루터를 파문한다는 교서를 보냈고, 루터의 지지자들은 파문장을 공개적으로 불태웠어. 양쪽의 대립은 1555년 신성 로마 제국의 황제 카를 5세가 루터파를 인정하면서 끝이 났어.

아우크스부르크 화의 가 이런 결과로 마무리된 건 구텐베르크의 활판 인쇄술 덕분이었지. 양피지에 필사하는 것과는 비교할 수 없을 정도로 대량의 인쇄가 빠르고 값싸게 이루어져서 백성들도 성경과 서적을 쉽게 접할 수 있게 되었거든. 인쇄술이 없었다면 루터의 종교 개혁은 아마 실패하였을 거야.

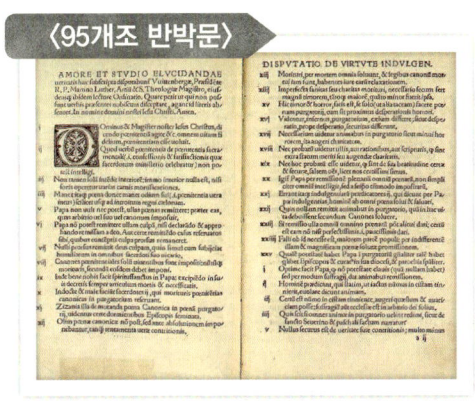

〈95개조 반박문〉

그건 그렇고 프로테스탄트가 뭔지 알아? 프로테스탄트 란 종교 개혁 이후 로마 가톨릭교회로부터 떨어져 나와 성립한 종교 단체나 그 분파를 말해. 개신교나 신교라고도 불리지. 우리가 흔히 말하는 기독교는 그리스도교를 한자로 표기한 것으로, 천주교와 개신교를 합쳐 부르는 거야. 프로테스탄트에는 루터파 외에도 스위스 제네바에서 종교 개혁을 추진한 프랑스 연고의 칼뱅파와 영국의 국왕 헨리 8세가 시작한 성공회 등이 있단다.

칼뱅은 사람의 구원은 하느님이 미리 정해 놓은 것이라는 예정설을 주장했어. 그렇기에 성경에 적힌 대로 살기만 하면 된다고 했지. 도박, 음주, 가무, 카드놀이 등을 금지하고 자선을 강조한 칼뱅의 교리는 프랑스, 영국, 네덜란드로 퍼져 나갔어. 헨리 8세는 수장법을 발표하여 국왕이 영국 교회의 우두머리라고 선포했어. 이로부터 이어져 영국의 국교는 성공회가 되었단다.

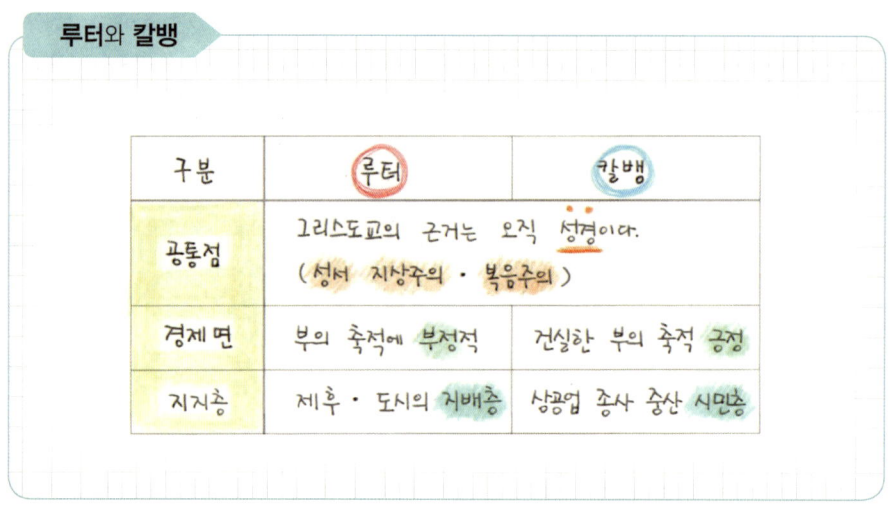

루터와 칼뱅

구분	루터	칼뱅
공통점	그리스도교의 근거는 오직 성경이다. (성서 지상주의·복음주의)	
경제면	부의 축적에 부정적	건실한 부의 축적 긍정
지지층	제후·도시의 지배층	상공업 종사 중산 시민층

개신교의 세력이 커지면서 종교 갈등이 심해지자 유럽 전역에서 종교 분쟁이 일어나기 시작했어. 17세기 초에는 유럽의 여러 나라가 가톨릭 구교와 프로테스탄트 신교로 나뉘어 싸웠어. 개신교를 믿는 덴마크와 네덜란드, 노르웨이, 스웨덴이 가톨릭을 공격하였고, 가톨릭

을 믿는 에스파냐와 오스트리아가 개신교를 공격했지. 30년 동안 이어진 전쟁 끝에 베스트팔렌 조약 이 체결되어 프로테스탄트, 즉 개신교도 신앙의 자유를 인정받았지.

성경을 자유롭게 해석하고 성직자와 교회의 쓸데없는 권위 의식을 없애는 등 프로테스탄트의 의도는 좋았는데, 시간이 흐르면서 미처 생각하지 못한 한계가 드러났어. 성경을 아무렇게나 해석하는 사람들이 생겨난 거야. 가톨릭의 문제점을 극복해 좋게 하려고 한 개신교였음에도 불구하고 말이야.

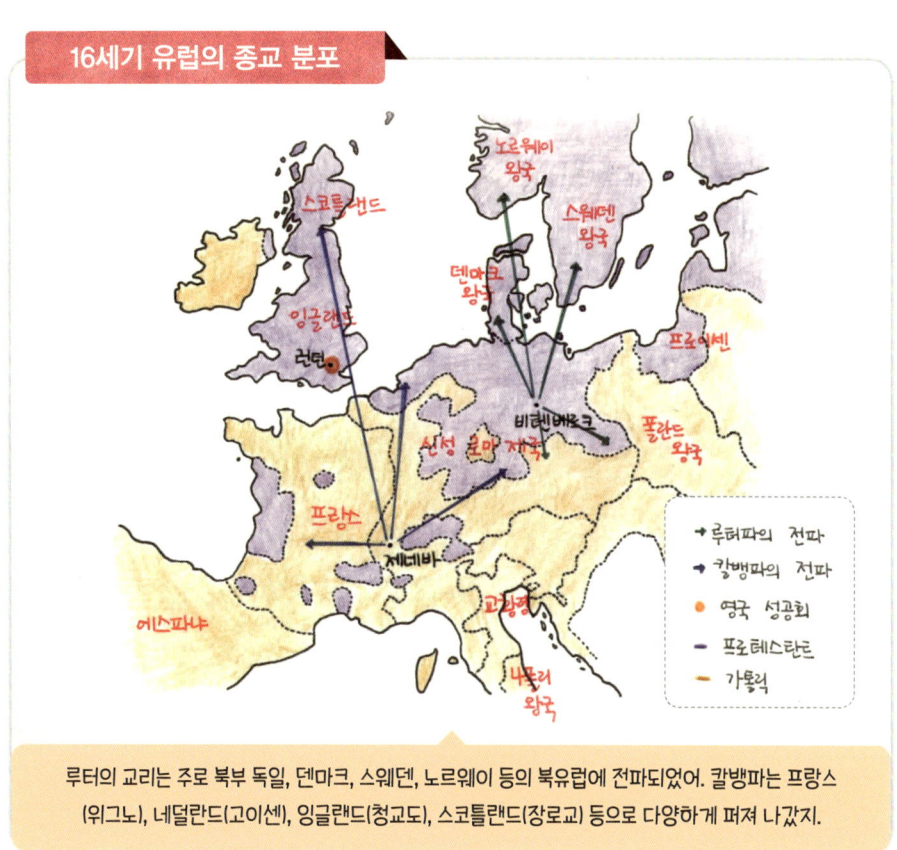

16세기 유럽의 종교 분포

루터의 교리는 주로 북부 독일, 덴마크, 스웨덴, 노르웨이 등의 북유럽에 전파되었어. 칼뱅파는 프랑스(위그노), 네덜란드(고이센), 잉글랜드(청교도), 스코틀랜드(장로교) 등으로 다양하게 퍼져 나갔지.

3. 다른 듯 같은 절대 왕정

중세가 끝나갈 무렵 서유럽에서는 봉건 제도가 무너지고 있었어. 영주와 귀족은 힘을 잃어 갔지만 시민 계층은 성장하고 있었지. 반면 동유럽에서는 농노제가 강화되는 모습을 보였어.

16~18세기의 유럽은 절대주의 시대 를 맞이하였어. 왕들은 국왕의 권력은 신으로부터 받은 것이기에 아무도 맞설 수 없다는 왕권신수설 을 근거로 절대 권력을 휘둘렀지. 그런데 왕권을 지탱해 준 것은 관료제와 상비군으로, 왕이 이를 유지하기 위해서는 시민 계급의 경제력이 필요했어. 고위 관직과 군대를 장악하고 있는 귀족과도 손을 잡아야만 했고. 그렇지만 귀족과 시민 계급은 법과 의회로 왕을 견제했어. 물론 왕 자신도 어느 정도는 법과 전통을 지키려 노력했지.

또한 왕은 상공업에 종사하는 사람들의 경제 활동을 적극적으로 돕는 중상주의 정책 을 실시했어. 왕권 강화와 중앙 집권 체제를 확고히 하는 데 도움이 되었으니까. 그뿐만 아니라 국내 산업을 키우고 해외 시장을 개척해 수출을 늘렸으며, 관세를 과도하게 부과해 수입을 억제했단다. 이를 위해 아시아나 아프리카에 식민지를 만들었어.

여기서 잠깐! 관세 가 무엇인지 아니? 관세는 어떤 상품이 한 나라의 국경을 통과할 때 내는 세금을 말해. 대부분의 나라는 자국의 산업을 보호하려고 물품을 수입할 때 관세를 부과하지. 수입 물건 값에 세금을 더해 수입품의 가격이 비싸지게 만드는 거야. 같은 물건이

라면 값이 싼 자기 나라의 물품을 사겠지? 이렇게 해서 수입이 억제되는 거란다.

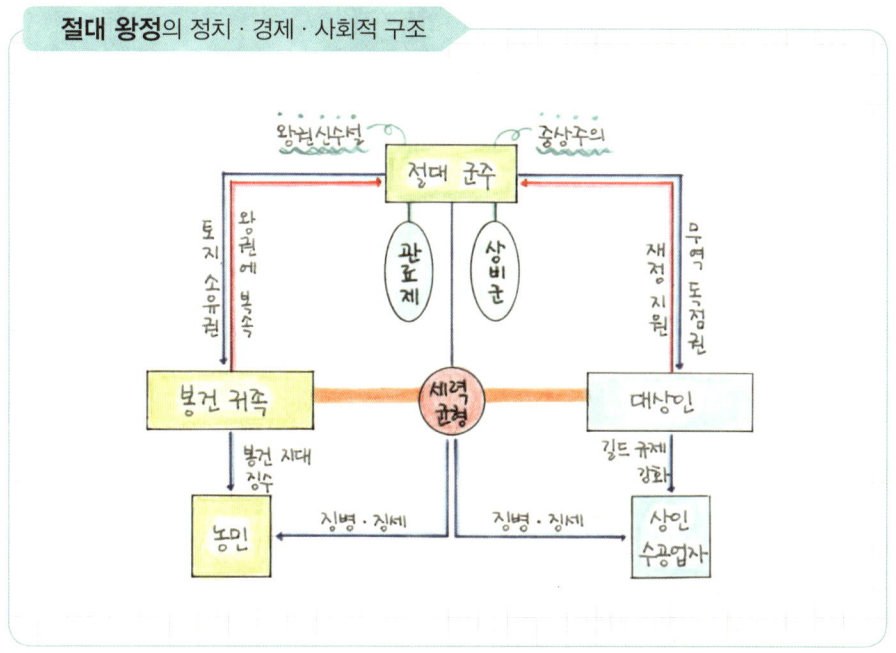

절대 왕정의 정치·경제·사회적 구조

가장 먼저 절대 왕정을 수립한 나라는 에스파냐였어. 에스파냐는 이베리아반도의 이슬람 세력을 몰아내면서 통일 왕국을 이룩했어. 식민지에서 들여온 금과 은을 이용해 펠리페 2세 때에는 대서양 무역의 주도권을 잡았지. 그렇지만 무적함대가 영국 해군에게 패하면서 경제가 급속도로 어려워졌어. 여기에는 가톨릭을 강요한 정책 때문에 신교 식민지인 네덜란드를 잃은 것과 식민지에서 약탈한 물품으로 손쉽게 무역을 했던 게으름도 일조했어.

영국은 엘리자베스 1세 때 절대 왕정의 전성기를 맞이했어. 엘리자베스 1세 여왕의 아버지인 헨리 8세는 그녀의 어머니인 앤 불린과 결혼하기 위해 종교 개혁을 시행했어. 아버지의 뒤를 이은 엘리자베스 1세는 자신의 출생을 정당화하려고 성공회를 확고히 했지. 또한 가톨릭 국가인 에스파냐보다 더 강한 나라를 만들려고 했고. 해적 드레이크에게 귀족의 칭호까지 내려주며 해군을 양성한 결과 영국은 에스파냐의 무적함대를 격파했지. 대서양을 자국의 앞바다로 만든 후 동인도 회사를 설립하여 해외로 뻗어 나갔어. 국내 산업으로는 모직물을 키웠고, 문화 발전에도 신경을 썼어. 모국어 영어로 작품을 쓰면서도 위대한 문학을 일구어 낸 셰익스피어가 바로 이 시대 사람이야.

윌리엄 셰익스피어

셰익스피어는 영국의 국민 시인이자 현재까지 가장 뛰어난 극작가로 손꼽히고 있어. 〈햄릿〉, 〈오셀로〉, 〈리어왕〉, 〈맥베스〉 등 4대 비극이 대표작이야.

프랑스의 절대 군주인 루이 14세 는 다섯 살의 어린 나이에 왕이 되었어. 그는 늘 왕위를 노리는 반란에 시달렸기에 강한 왕이 되려고 애썼단다. 중상주의를 시행하고, 강력한 군대를 기르고, 아름다운 베르사유 궁전을 지어 왕실의 권위를 과시했지. 아침에 일어나 옷 입는 것부터 식사는 물론 취침까지 모든 것을 예술과 연관 지어 생활했기 때문에 유럽 문화의 중심에는 항상 루이 14세가 있었다고 해. "짐은 곧 국가다."라고 말한 태양왕 루이 14세는 프랑스 자체였다고 할 정도로 과시욕이 대단했단다.

베르사유 궁전

17세기 바로크 건축의 대표 작품인 베르사유 궁전은 호화로운 건물, 넓고 아름다운 정원과 분수 등으로 유명해. 파리의 외곽에 있지만, 언제나 관광객으로 붐빈단다.

동유럽은 경제적, 기술적으로 서유럽에 뒤처져 있었어. 거기에다 봉건 제도를 뒤집을 만한 계기가 별로 없었던 까닭에 귀족은 계속 농노를 억압할 수 있었고, 상공업은 더디게 발달했으며, 시민 계급은 성장하지 못했지.

그렇기에 17세기 중엽이 되어서야 절대 왕정이 등장했어. 왕들은 귀족을 관료와 상비군으로 만들면서 임금을 주는 대신 계속해서 농노를 지배할 수 있게 허락했어. 그래서 농노는 여전히 무거운 세금, 부역, 신체적 억압까지 감당해야만 했지.

프로이센의 프리드리히 대왕 은 스스로 '국가 제일의 심부름꾼'이라고 하며 계몽 군주를 자처했어. 계몽사상의 영향을 받은 계몽 군주. 계몽사상이란 이전의 잘못된 관습과 제도를 교육과 계몽을 통해 바꿀 수 있다고 믿는 사상이야. 프리드리히 대왕은 프랑스의 계몽사상가인 볼테르의 영향을 받아 종교적 관용, 교육 제도 개선, 고문 금지 등을 실천하였어. 자신의 영지에서 농노를 해방했고, 당시 프로이센은 지금의 독일 지역에 있던 작은 나라로, 왕이 국가의 모든 통치 조직을 직접 다스렸어. 그는 오스트리아 왕위 계승 전쟁에서도 직접 군대를 지휘했고 상수시 궁전도 건축했단다.

러시아의 표트르 대제 는 영국, 네덜란드, 독일을 다니며 배와 대포를 만드는 기술을 배웠어. 그는 러시아도 서유럽처럼 변해야 한다

상수시 궁전

상수시 궁전은 프랑스어로 '근심 없는 궁전'이란 뜻이야.

포츠담에 있는 상수시 궁전은 프랑스 문화에 심취했던 프리드리히 대왕의 지시로 지어졌어. 베르사유 궁전을 본떠 만들었지.

고 생각했지. 스웨덴과 싸워 겨울에도 얼지 않는 항구를 차지했고, 네바강 연안에 상트페테르부르크를 만들어서 유럽으로 가는 통로를 마련했지. 1713년 이곳을 새로운 수도로 삼았지. 또한 시베리아에 진출하여 영토를 넓혔으며, 수염을 자르지 않는 귀족에게 수염세를 걷는 등 근대화를 위해 노력했어.

강제로 수염을 자르는 모습

서유럽이든 동유럽이든 절대 군주의 목표는 하나였어. 나라를 부강하게 만드는 것. 그러나 절대 왕정은 귀족의 특권을 모른 척한 한계를 가지고 있었어. 단지 대외적으로 보이는 부국강병에만 초점을 맞췄거든. 결국 변화를 바라던 시민 계급과 백성에 의해 절대 왕정 체제가 무너지게 된단다.

4. 입헌 군주제를 이룬 영국

영국의 절대 군주인 엘리자베스 1세는 평생 혼자 살았어. "나는 국가와 결혼했다."라면서 결혼하지 않았지. 하긴 그녀의 아버지였던 헨리 8세의 부인이 무려 여섯 명이었으니 결혼을 안 하고 싶었을지도 몰라. 문제는 1603년 그녀가 죽은 후에 생겼어. 그녀의 뒤를 이어 왕이 될 후손이 없었기 때문이지. 결국 엘리자베스 1세의 먼 친척인 스코틀랜드의 왕 제임스를 영국의 왕으로 삼을 수밖에 없었단다. 제임스는 이제 스코틀랜드와 잉글랜드 두 나라의 왕이 되었어. 당시 영국은 스코틀랜드, 잉글랜드, 아일랜드로 나뉘어 있었거든.

제임스 1세는 왕권신수설을 주장하며 뭐든 마음대로 했어. 사치스러운 생활로 낭비가 심했고, 의회를 무시했으며, 가톨릭 신자와 청교도를 억압했지. 청교도는 영국에 살던 칼뱅파 신도로, 의회 정치를 중요하게 여겼어. 청교도들이 왕의 전제 정치를 반대했으니 제임스 1세는 그들을 매우 싫어했지.

한술 더 떠서 제임스 1세의 아들 찰스 1세 는 의회를 강제로 해산시켜 버렸어. 그러자 1628년 의회는 의회의 허락 없이 왕 마음대로 세금을 거둘 수 없다는 내용의 권리 청원서를 왕에게 보냈어. 의회가 걷는 세금이 꼭 필요했던 찰스 1세는 어쩔 수 없이 이를 받아들였지만, 다시 의회를 닫아 버리고는 제멋대로 나라를 다스렸어.
이후 11년 동안 단 한 번도 의회를 열지 않았는데, 전쟁 비용 마련을 위해 어쩔 수 없이 의회를 열어야만 하는 상황이 생겼어. 의회가 비협조적이자 찰스 1세는 무력으로 의회를 제압하려 했어. 이 과정에서 왕을 지지하는 사람들과 의회를 지지하는 사람들 사이에 싸움이 벌어졌지. 그 결과 크롬웰 이 이끄는 의회를 지지하는 사람들이 승

찰스 1세

1640년 재소집된 잉글랜드 의회

올리버 크롬웰

호국경은 영국에서 왕권이 약할 때 왕을 섭정하던 귀족에게 붙이던 호칭이야.

정치가이자 군인이었던 크롬웰은 청교도 혁명으로 왕정을 폐지했어. 그러고는 죽을 때까지 호국경으로 잉글랜드와 스코틀랜드, 아일랜드를 다스렸지.

리하였고, 의회는 나라를 어지럽힌 죄로 찰스 1세를 사형에 처했어. 국민이 왕을 죽인 첫 번째 사례야. 이 모든 것을 주도한 사람들이 청교도였기 때문에 이를 청교도 혁명(1649년)이라 부른단다.

영국은 청교도 혁명 으로 국민의 대표자에 의해 나라가 운영되는 공화정이 되었어. 그런데 왕정을 무너뜨리고 영국 정치의 새로운 지도자가 된 크롬웰은 독재자가 되어 버렸단다. 너무 엄격한 금욕주의를 강요하여 국민의 지지를 받지 못했지. 1658년 그가 사망하자 프랑스로 도망갔던 찰스 1세의 아들인 찰스 2세가 영국으로 돌아와 왕이 되었어. 이로써 영국은 다시 왕이 다스리는 나라가 되었지.

찰스 2세와 그 뒤를 이은 제임스 2세 역시 자기 마음대로 정치를 했어. 게다가 그는 가톨릭 신자였기 때문에 가톨릭을 보호했지. 국민과 의회는 영국이 다시 가톨릭 국가가 될까 봐 두려웠어. 그동안 종교 갈등으로 많은 사람이 죽고 다쳤으니까. 고민 끝에 제임스 2세의 딸 메리에게 왕이 되어 달라고 부탁했어. 그녀와 남편인 네덜란드의 오렌지 공 윌리엄은 모두 신교를 믿었거든. 윌리엄과 메리는 군대를 이끌고 영국으로 왔고, 제임스 2세는 프랑스로 달아나 버렸어.

1689년 〈권리 장전〉

왕위에 오른 윌리엄과 메리는 의회의 요구대로 권리 장전 (1689년)에 도장을 찍었어. 의회의 허락을 받지 않고서는 어떤 법도 만들지 않고 세금도 부과하지 않겠다고 적혀 있는 이 문서로 왕의 독재는 불가능해졌어. 이렇게 마음에 들지 않는 왕을 단 한 방울의 피도 흘리지 않고 바꾼 이 사건을 명예혁명 이라고 해. 이제 영국은 왕은 있으나 법과 의회가 나라를 이끌어 가는 입헌 군주제 국가가 되었단다.

11 격변하는 유럽

1. 산업 혁명의 빛과 그늘

쉼 없이 돌아가는 공장의 기계와 그 사이에서 일하는 노동자, 철로를 기운차게 달리는 증기 기관차 등이 등장하는 흑백 화면을 본 적 있니? 이런 화면은 대개 산업 혁명을 상징하는 모습이야. 산업 혁명 이란 18세기 후반부터 약 100년 동안 유럽에서 일어난 생산 기술의 발전과 그로 인한 사회의 변화를 말해.

영국에서는 전통적으로 모직물 공업이 발달했어. 양털에서 얻는 모직물은 값이 비싸고 세탁하기가 불편해. 우리가 겨울에 입는 코트나 스웨터는 가격이 비싸고 반드시 세탁소에 맡겨야 하는 것을 생각하면 이해될 거야. 이런 상황에 인도에서 면직물이 들어왔어. 면직물은 부드러운 데다 여러 번 빨아 쓸 수 있어서 큰 인기를 끌었어. 모직물은 상대적으로 잘 팔리지 않았지. 그래서 인도보다 값싸게 면직물을 만들어 낼 방법들을 연구하기 시작하였어. 1733년 기술자 존 케이가 옷감을 짜는 방직기를 만들었고, 뒤를 이어 아크라이트의 수력 방적기와 와트의 증기 기관 이 발명되어 면직물 공업뿐만 아니라 다른 산업까지 발달하였어.

존 케이

방적기를 개량하려고 노력한 존 케이는 1733년 방직기의 새로운 북(플라잉 셔틀)을 발명했어. 이 획기적인 발명으로 폭이 넓은 옷감을 빨리 짤 수 있게 되었지만, 이로 인해 일자리를 잃은 수공업자들이 폭동을 일으켰단다. 프랑스로 피신한 존 케이는 그곳에서 불행하게 죽고 말았대.

와트의 증기 기관

증기 기관은 영국뿐만이 아니라 세계의 산업 혁명을 촉진한 일등 공신이야.

수증기로 움직이는 증기 기관을 동력으로 삼는 기계와 기차, 배가 생겨나면서 석탄 가공 공업과 제철 공업이 빠르게 발전했어. 또한 공장에서 생산된 대규모 상품들을 실어 나를 새로운 도로와 철로도 만들어졌고. 미국과 영국 사이에는 증기선이 오갔지. 1814년 스티븐슨이 발명한 증기 기관차 는 사람뿐만 아니라 물건을 실어 나르는 운송 수단으로 사용되었어. 또한 모스가 발명한 전신기 를 이용해 멀리 신호를 보내 소식을 전할 수 있게 되었어. 이때 사용한 부호가 우리가 알고 있는 모스 부호야. 그리고 얼마 후에는 미국의 벨이 전화 를 발명했어. 이렇게 새롭게 개발된 기술들을 이용하여 산업 혁명은 아주 빠르게 전 세계로 퍼져 나갔어.

모스 전신기

아내의 임종을 지키지 못한 새뮤얼 모스는 어떻게 하면 소식을 빠르게, 멀리까지 전할 수 있을지 고민하다 전신기를 발명했어. 1844년 5월 24일, 워싱턴 D.C와 볼티모어 간에 공식적으로 세계 최초의 전신이 공식 개통되었단다.

1892년 알렉산더 그레이엄 벨이 뉴욕과 시카고 간 전화 연결을 실험하는 모습이야.

도시마다 공장이 생겨났고, 도시는 점점 비대해졌어. 공장을 차려서 큰돈을 번 자본가가 생겼고, 농촌 사람들이 일자리를 찾아 도시로 몰려와 노동자가 되었어. 이들은 화장실도 제대로 갖추어지지 않은 좁은 판잣집에서 살았어. 쓰레기와 매연이 가득한 곳에서 먹을 것도 부족하게 살다 보니 노동자의 자식들은 대부분 병에 걸려 일찍 죽거나 어린 나이부터 공장에서 일했어. 그러나 공장 주인들은 어린이와 여자라고 봐주지 않았어. 자신의 호주머니에 더 많은 돈을 채우기에만 급급했거든. 게다가 공장의 기계 때문에 심각한 사고가 일어나도 모른 척했어. 오히려 다친 노동자를 공장에서 쫓아냈지. 이 모든 게 기계 때문이라고 생각한 노동자들은 <u>기계를 없애자는 운동</u>을 벌였어. 참다못한 영국 노동자들은 19세기 초에 노동조합을 결성하여 자본가들과 맞서 싸웠어. 이때 축구가 이들을 똘똘 뭉치게 해 줬지. 주말에 축구장에서 함께 축구를 하고 서로의 생활과 생각을 얘기하면서 끈끈한 관계가 만들어진 거야.

기계 파괴 운동

기계 파괴 운동을 '러다이트 운동'이라고도 해!

19세기 영국 노동자들은 열악한 근무 환경에 대해 어떠한 의견도 내놓을 수가 없었어. 단체 교섭이나 파업 등을 할 수 없게 노동조합을 결성하지 못하도록 법으로 금지해 놓았거든. 여기에 기계의 등장으로 일자리까지 잃었으니 얼마나 화가 났겠어?

급속한 산업화로 인해 빈부 격차와 주택, 위생, 환경오염 등 심각한 도시 문제가 생겨나자 이를 고발하는 문학 작품들이 등장했어. 특히 영국의 사실주의 소설가인 찰스 디킨스 는 《위대한 유산》, 《올리버 트위스트》의 주인공으로 노동자와 하층민을 등장시켜 산업 사회를 비판했어. 열악한 환경에서 과도하게 일을 하고 겨우 먹고 자는 생활만을 했던 노동자의 희생으로 공장 주인인 자본가와 상공업이나 전문직에 종사한 부르주아(시민)의 자유와 부가 보장된 거란다. 풍요롭고 활력이 넘치며 화려한 도시의 뒷면에는 이런 그늘이 있었음을 잊지 말았으면 좋겠어.

2. 낡은 질서를 허문 프랑스 혁명

절대주의의 최고봉이었던 태양왕 루이 14세의 뒤를 이은 루이 15세와 루이 16세도 베르사유 궁전에서 잘 먹고 잘 살았어. 의지가 약하고 나라를 다스릴 능력이 없었던 루이 16세와 사치스러운 왕비 마리 앙투아네트는 왕실의 돈을 물 쓰듯 했지. 게다가 잘나가는 영국을 방해하느라 미국의 독립 전쟁을 무리하게 도와서 국가 재정이 휘청거렸어.

당시 프랑스 사회는 세 신분 으로 나뉘어 있었어. 많은 땅을 소유하고도 세금은 전혀 내지 않으며 높은 관직을 차지하고 있던 제1신분 성직자와 제2신분 귀족, 그리고 무거운 세금만 부담하고 자신들의 권리는 주장할 수 없었던 제3신분인 평민으로, 인구의 대부분을 차지하는 제3신분은 이 불공정한 상황에 화가 나 있었어. 이때 나라의 재정이 파산 직전에 이르자 루이 16세는 귀족에게도 세금을 걷겠다고 했어. 당연히 귀족들이 반발했지. 지금껏 세금을 안 내고도 잘 살아 왔는데, 갑자기 내라고 하면 가만히 있겠어? 결국 루이 16세는 1789년 삼부회를 소집해 이를 해결하려 했어. 새로운 세금을 부과할 계획을 세운 거지.

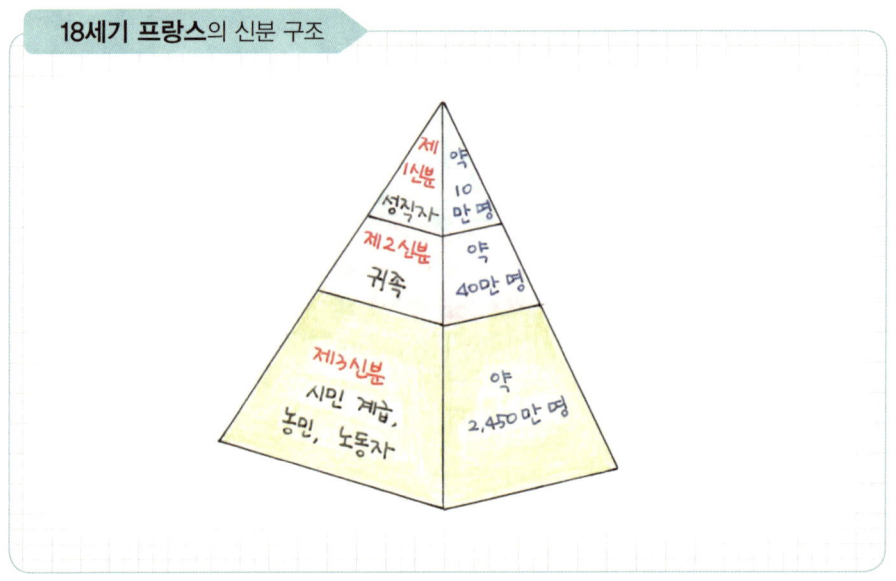

18세기 프랑스의 신분 구조

삼부회 는 성직자, 귀족, 평민으로 구성된 프랑스의 신분제 의회인데, 표결 방법이 1, 2신분에게 유리하게 되어 있었어. 그렇기에 삼부회에 참여한 평민의 수가 아무리 많아도 성직자와 귀족이 한마음이 되면 뭐든 그들이 원하는 대로 결정할 수 있었지.

참다못한 제3신분의 사람들은 독자적으로 국민 의회 를 만들었고, 왕은 군대를 동원해 국민 의회를 강제로 해산하려 했어. 루이 16세가 국민 의회를 무력으로 해산시키려 한다는 소식을 들은 파리 시민들은 분노했지. 1789년 7월 14일 사람들은 바스티유 감옥을 습격하고 파리를 점령했어. 이리하여 프랑스 혁명 이 시작되었단다. 바스티유 감옥은 파리 외곽에 쌓은 요새였는데, 루이 13세 때부터 감옥으로 사용되었어. 주로 왕에게 반대하는 정치범들을 가두어 놓았대. 7월 15일에는 나중에 프랑스 국기가 되는 삼색기가 만들어졌어. 파랑·하양·빨강의 세 가지 색은 프랑스 혁명의 정신인 자유·평등·박애를 상징해.

시민들에게 공격받는 바스티유 감옥

그로부터 한 달 뒤, 국민 의회는 인간과 시민의 권리를 널리 알리는 인권 선언을 발표했어. 인권 선언은 인간은 누구나 똑같이 자유롭고 평등한 권리를 가지고 태어났으며, 나라의 주권은 국민에게 있음을 공포한 선언이야. 루이 16세는 인권 선언을 인정하지 않았고, 화가 난 시민들은 베르사유 궁전으로 몰려가 왕을 파리로 데려왔어. 겁을 집어먹은 루이 16세는 인권 선언을 받아들였어. 이 사건으로 힘을 얻은 국민 의회는 법과 제도를 바꾸기 시작했어. 혁명이 점점 크게 번져 나가자 재산을 빼앗긴 교회와 세금을 납부하게 된 귀족들이 다른 나라로 도망치기 시작했어. 루이 16세와 왕비, 아들도 이 대열에 동참했지만 바렌이라는 곳에서 시민들에게 붙잡혔지.

프랑스 인권 선언

혁명이 자기 나라로 번질까 봐 두려웠던 프랑스 주변 나라들이 동맹을 맺어 프랑스에 쳐들어왔어. 하지만 많은 프랑스 사람들이 군대에 자원해 그들과 싸웠지. 이후 혁명을 주도한 사람들은 국민 공회를 수립하고 공화정을 선포한 뒤 1793년 루이 16세와 마리 앙투아네트를 단두대에서 처형했단다.

처형되는 루이 16세

주변 국가들의 프랑스 침략 전쟁이 계속되면서 생활이 어려워지자 혁명에 반대하는 사람들이 늘기 시작했어. 이때 로베스피에르 를 비롯한 급진적인 성향의 개혁파가 의회의 주도권을 잡았어. 이들은 혁명 정부를 구성한 뒤 공포 정치를 실시했어. 그리고 혁명을 지킨다는 이유로 많은 사람을 감옥에 가두거나 죽였지. 결국 반대파에 의해 로베스피에르가 처형되고 나서야 공포 정치는 끝이 났지.

이후 다섯 명의 총재가 나라를 이끌어 갔어. 그러나 총재들은 혁명으로 인한 불안정한 상황을 진정시키지 못했어. 더는 정부를 믿지 못하게 된 사람들은 강력한 지도자가 나타나 나라를 안정시켜 주길 바랐지. 바로 그때 국내외 전쟁에서 승리를 이끌어 낸 나폴레옹 이 등장했어. 그는 쿠데타를 일으켜 총재 정부를 무너뜨리고 1799년 통령 정부를 세웠어. 나폴레옹은 경제를 안정시키기 위해 프랑스 은행을 설립하고, 사회를 안정시키기 위해 교육 제도를 정비했어. 또한 프랑스 혁명의 이념이 담긴《나폴레옹 법전》을 편찬했어. 법 앞에 모든 사람은 평등하고 개인의 자유와 재산은 보호받아야 한다는 내용을 담고 있었으니 프랑스 사람들은 나폴레옹을 굳게 믿고 따를 수밖에 없었어.

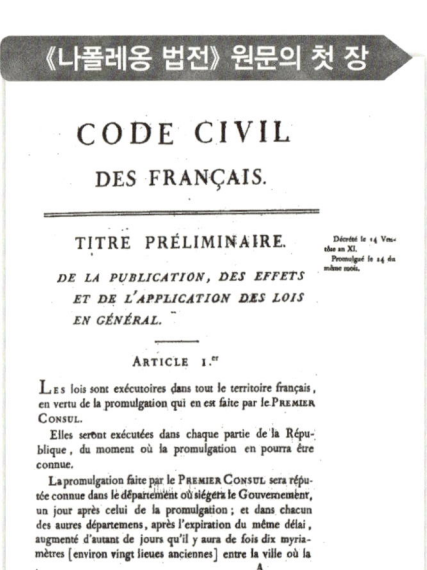

《나폴레옹 법전》원문의 첫 장

* 6권 229조~230조
  이혼은 남녀 모두 청구할 수 있다.

* 6권 231조
  협의 이혼을 인정한다.

* 9권 376조
  아버지는 자녀의 교정을 위하여 16세 미만의 자녀를 한 달 동안 감금할 수 있다.

* 9권 377조
  16세 이상부터 성인의 나이까지는 최대 6개월 동안 감금할 수 있다.

그러나 나폴레옹은 1804년 국민 투표를 통해 황제가 되었어. 다시 프랑스에 왕정이 돌아온 것이야. 인간의 욕심이란 참 끝이 없지? 황제가 된 나폴레옹은 프랑스에 반대하는 프로이센, 네덜란드, 이탈리아, 에스파냐 등 여러 나라를 정복했어. 이 과정에서 유럽 여러 나라는 프랑스 혁명의 이념인 자유 의식을 전해 받은 후, 이를 나폴레옹에 저항하는 민족의식으로 키웠어.

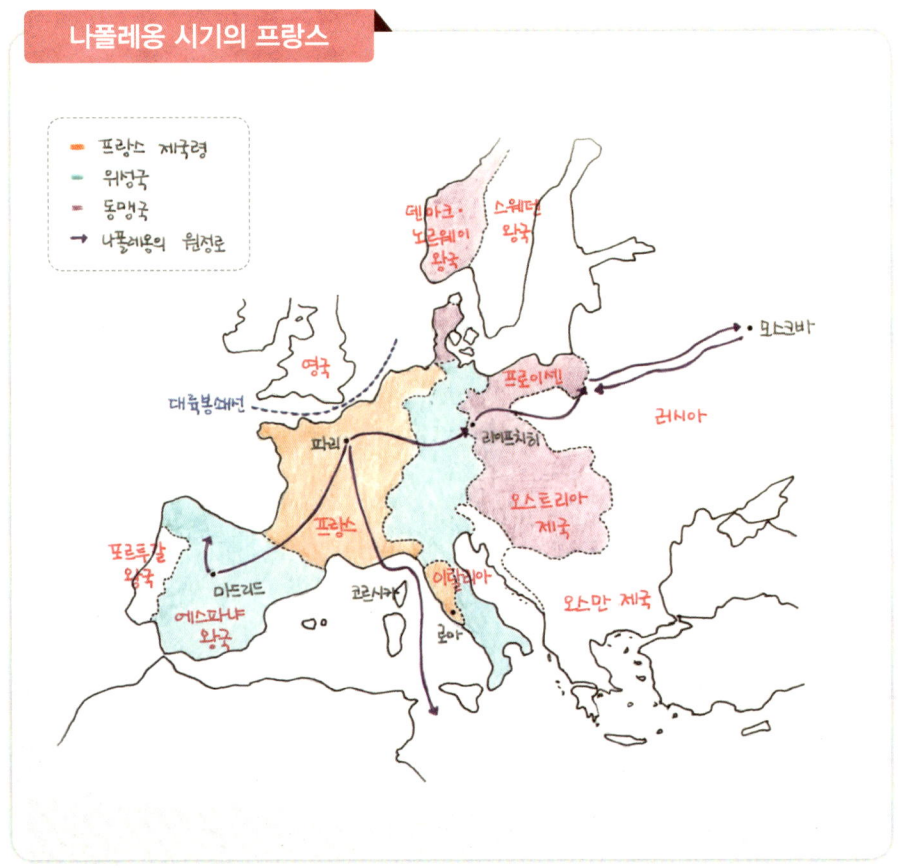

나폴레옹 시기의 프랑스

그런데 나폴레옹이 정복하지 못한 나라가 있었어. 바로 강한 해군을 가진 영국이었지. 프랑스 해군은 넬슨 제독이 이끄는 영국 해군에게 맥없이 무너졌어. 이 전투가 트라팔가르 해전 이야. 싸움에서 진

나폴레옹은 견딜 수 없이 화가 나서 유럽의 모든 나라는 영국과 무역하지 말라는 내용의 대륙봉쇄령 (1806년)을 발표하였어. 그러나 러시아가 이를 어겼고, 러시아를 응징하기 위해 원정길에 나선 프랑스는 크게 패했어. 이 소식이 전해지자 유럽 동맹군은 나폴레옹 군대를 격파해 버렸고, 패전 황제 나폴레옹은 1814년 엘바섬에 갇히고 말았어.

그사이 프랑스에서는 루이 16세의 동생 루이 18세가 황제로 등극했어. 그는 세상을 혁명 전으로 돌려놓으려 했기에 사람들의 불만을 샀지. 이 틈을 놓칠 나폴레옹이 아니었어. 엘바섬을 탈출해 파리로 돌아온 그는 다시 황제가 됐지만 오래가지는 못했어. 나폴레옹을 두려

워털루 전투

워털루 전투에서 나폴레옹을 무찌른 유럽의 여러 나라는
유럽을 나폴레옹 이전의 상태로 되돌리려는 계획을 수립하였어.

워했던 유럽 동맹군이 프랑스에 쳐들어왔거든. 결국 영국과 프로이센 연합군에게 패배한 워털루 전투 로 파란만장했던 나폴레옹 시대는 막을 내리게 되었어. 이때 그가 다시 권력을 잡은 시간이 100일 정도였기 때문에 이를 백일천하라고 한단다.

유럽 전역에 프랑스 혁명의 이념인 자유, 평등, 박애와 민족주의까지 전파한 나폴레옹의 공로는 높이 평가할 만한데, 그는 과욕으로 인해 모든 것을 잃었어. 일그러진 영웅의 모습을 보는 것 같아 안타까워.

3. 유럽에 가득 찬 자유주의와 민족주의

나폴레옹의 몰락 후 1814년 유럽 각 나라의 대표들은 오스트리아 빈에 모여 회의를 했어. 나폴레옹이 들쑤셔 놓은 유럽을 어떻게 처리할지 논의한 거야. 오스트리아의 재상 메테르니히 가 주도한 빈 회의에서 각국 대표들은 유럽의 영토와 질서를 프랑스 혁명 이전의 체제로 되돌려 놓자고 합의하였어. 오스트리아, 영국, 러시아, 프로이센은 4국 동맹을 맺어 지배권을 강화하려 했고, 자유주의와 민족주의 운동을 탄압했지. 이렇게 만들어진 유럽의 질서를 빈 체제 라고 해.

빈 체제는 왕이나 귀족들만 살기 좋은 옛날로 돌아가는 것이기에 비판의 목소리가 등장했지. 여기에 이미 맛본 자유에 대한 열망까지 더해져 러시아, 이탈리아 등에서는 저항의 움직임들이 나타났어. 빈 체제는 1829년 그리스가 오스만 제국의 오랜 지배에서 벗어난 것을 계기로 흔들리기 시작해서 프랑스의 7월 혁명과 2월 혁명으로 무너져 내렸어. 목숨을 걸고 자유를 위해 혁명에 참여했던 프랑스 사람들은 가만히 있을 수가 없었거든.

자유주의와 민족주의 운동을 탄압했지.

빈 회의

표면상으로는 유럽 평화 회복을 강조하였지만, 나폴레옹 혁명 이전으로 돌아가는 게 빈 회의의 진짜 목적이었어. 그래서 세력 균형과 정통주의를 기본 이념으로 제시하였단다.

루이 16세의 동생인 샤를 10세는 루이 18세의 뒤를 이어 왕이 되었는데, 백성의 말에 전혀 귀를 기울이지 않았고 의회를 강제로 해산했어. 신문 기사까지도 검열하는 등 언론과 출판의 자유까지 빼앗아 버렸지. 이에 화가 난 자유주의자와 파리 사람들이 들고일어났어. 샤를 10세는 영국으로 달아나 버리고, 루이 필리프가 새 국왕이 되었지. 1830년 7월에 사흘 동안 이루어진 이 혁명으로 프랑스도 영국처럼 입헌 군주제 국가가 되었어(7월 혁명). 루이 필리프는 국민이 시키는 대로 해야 해서 시민 국왕이라고 불렸대.

민중을 이끄는 자유의 여신

7월 혁명 당시 억압에 저항한 프랑스인을 상징하는 그림이야.
외젠 들라크루아가 그렸고, 루브르 박물관에 보관되어 있지.

그러나 7월 혁명 후 들어선 입헌 왕정도 돈이 많은 사람에게만 선거권을 주었고 가난한 노동자는 무시했어. 노동자와 새로 상공업자가 된 사람들은 1848년 2월에 다시 혁명을 일으켰어(2월 혁명). 이로써 루이 필리프는 폐위되고 두 번째로 공화정이 선포되었지. 이 혁명으로 21세 이상의 모든 남자는 선거권을 갖는 새 헌법이 만들어졌고, 나폴레옹의 조카인 루이 나폴레옹이 두 번째 공화국의 대통령이 되었어. 이렇게 2월 혁명이 성공했다는 소식이 전해지자 서유럽은 다시 들썩이기 시작했단다.

먼저 영국 부터 살펴볼까? 19세기 초 영국에서는 의회를 통해 개혁이 이루어졌어. 피를 흘리는 혁명으로 자유주의를 이룬 유럽 대륙과 달리, 일찍부터 발전한 의회 정치로 법을 고쳐 가며 자유주의를 실현했지. 하지만 재산이 없는 도시의 노동자나 농민에게는 선거권을 주지 않았기 때문에 이들을 중심으로 차티스트 운동 이 전개되었어. 보통 선거권을 요구한 차티스트 운동은 비록 실패로 끝났으나 19세기 후반에 들어서는 대부분 받아들여졌지.

이번에는 이탈리아 를 살펴보자. 마치니는 청년 이탈리아당을 결성해 통일 운동을 벌였지만, 당시 이탈리아를 지배하고 있던 오스트리아에 의해 진압되었어. 이후 이탈리아의 통일은 사르데냐 왕국이 주도했어. 사사건건 간섭하던 오스트리아와의 전쟁에서 승리하여 이탈리아 중북부를 통합했지. 남부에서는 가리발디 가 1860년에

'붉은 셔츠단'이라는 의용군을 조직해서 시칠리아와 나폴리를 정복했어. 의용군이란 전쟁 중에 사람들이 자발적으로 만든 군사 조직이야. 가리발디는 이탈리아의 통일이라는 큰 뜻을 이루기 위해 시칠리아와 나폴리를 사르데냐 국왕에게 바쳤어. 그리하여 1861년에는 남북이 통합된 이탈리아 왕국 이 탄생하였고, 1871년에는 베네치아와 교황령까지 통일되었어. 통일을 이루기 위해 자신의 손에 쥔 것을 내려놓은 가리발디야말로 진정한 영웅이라는 생각이 들어.

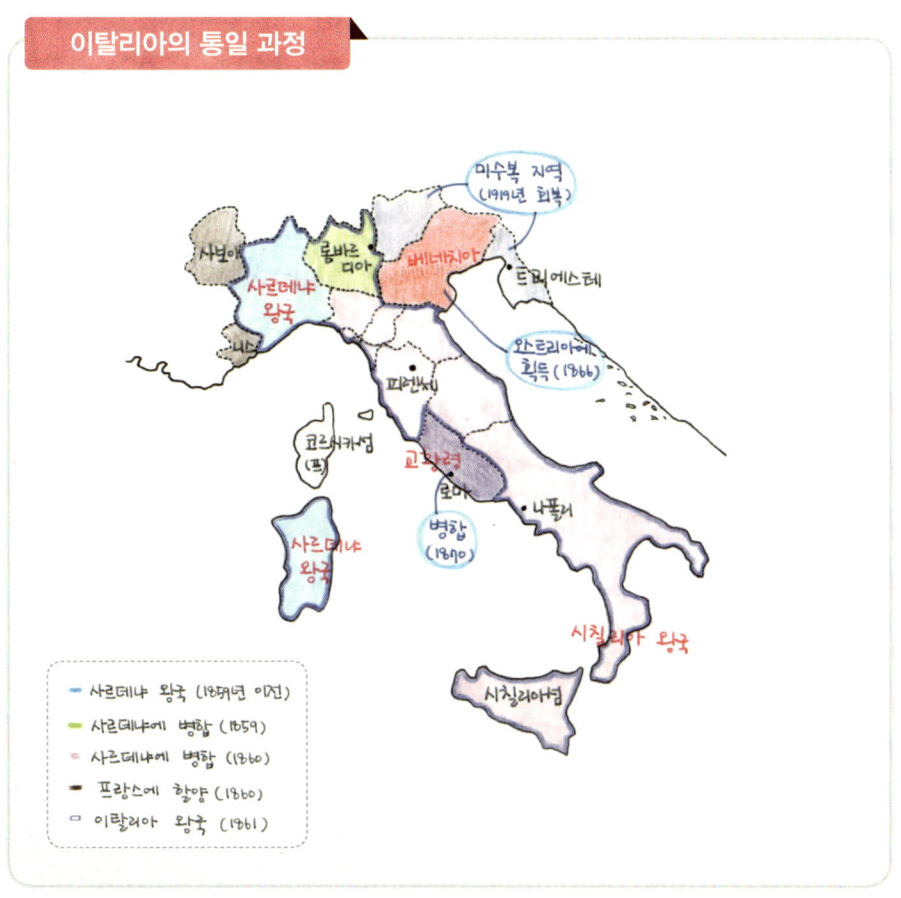

이탈리아의 통일 과정

독일 의 통일에 대해서도 알아보자. 독일 연방은 프랑스의 동쪽에 위치한 독일어를 사용하는 38개 작은 나라들의 모임으로, 이 중 프로이센이 통일 운동에 앞장섰어. 프로이센을 중심으로 독일 연방 나라들은 서로 교역할 때 관세를 폐지하기로 동맹을 맺었어. 이 관세 동맹은 독일 통일의 첫걸음이 되었지.

1862년 비스마르크 가 프로이센의 재상이 되면서 통일이 빠르게 진행되었어. 프로이센이 주도하여 하나의 독일을 만들겠다고 다짐한 비스마르크는 통일을 위해서는 반드시 오스트리아와 프랑스를 물리쳐야 한다고 보았어. 그는 의회의 반대를 무릅쓰고 강력한 군대를 키우는 철혈 정책 을 강행했단다. 먼저 오스트리아를 격파한 프로이센은 북독일 연맹을 결성한 후 프랑스도 굴복시켰어. 이 두 나라를 상대로 승리한 독일 사람들은 민족의식과 애국심을 키워 나갔지.

1871년 7월 3일 피켈하우베를 착용한 비스마르크

비스마르크의 철혈 정책에서 철이란 무기, 즉 군대의 힘을 말하고 혈은 피, 즉 병사들의 희생을 말하는 것이었어.

1871년 프로이센의 국왕 빌헬름 1세는 베르사유 궁전에서 독일 제국의 황제로 즉위했어. 비스마르크는 통일 후 약 20년 동안 재상으로 일하면서 독일을 유럽의 강대국으로 만들려고 최선을 다했어. 특히 그가 실시한 사회 보장 제도는 획기적이었어. 열악한 환경에서 일하는 노동자를 위한 의료 보험, 산재 보험에 연금 보험까지. 이를 토대로 독일에는 선진적인 사회 보장 제도가 정착할 수 있었단다.

마지막으로 러시아를 살펴보자. 19세기 러시아는 서유럽보다 낙후되어 있었어. 차르(황제)의 전제 정치가 유지되고 있었고 농노제도 여전했으니까. 그렇지만 서아시아로의 진출을 노릴 만큼 야망이 컸단다. 표트르 대제 때 차지한 발트해는 바다로 가는 항구가 되었지만, 겨울만 되면 꽁꽁 얼어붙었어. 러시아는 얼지 않는 따뜻한 지중해의 항구가 꼭 필요했기에 지중해로 나가는 길목인 흑해부터 차지하려고 오스만 제국에 쳐들어갔어. 오스만 제국 안에 있는 그리스 정교도를 보호한다는 구실로 말이야. 러시아가 지중해를 차지하게 되면 위협이 될까 우려한 프랑스와 영국은 러시아와 전쟁을 벌였단다. 바로 크림 전쟁이야.

크림 전쟁

영국의 플로렌스 나이팅게일이 간호사로 참전했던 전쟁이기도 하지.

크림 전쟁은 최초로 포탄과 철도, 전보와 같은 기술을 사용한 전쟁이었고, 기사와 사진으로 기록되었어.

크림반도에서의 길고 긴 싸움에서 패배한 러시아는 개혁의 필요성을 절감했지. 알렉산드르 2세 는 농노해방령을 발표하고 지방 의회를 만들었으며 군사 제도를 바꿨어. 농노해방령으로 4천만 명 이상의 농노가 법적으로는 자유를 얻었으나 토지 사용료를 내야 했기에 생활이 어렵기는 마찬가지였어. 그러나 알렉산드르 2세가 암살되면서 다시 차르 체제가 강화되었어.

알렉산드르 2세의 암살

11 _ 격변하는 유럽

12 아메리카의 변화

1. 미국의 건국

영국의 제임스 1세가 누구였더라? 엘리자베스 1세의 뒤를 이어 영국 왕까지 겸임한 스코틀랜드의 왕이지. 가톨릭교도와 청교도를 억압했고. 박해를 견디다 못한 청교도들은 미지의 땅 아메리카로 떠나기로 했어. 1620년 9월 6일, 102명의 청교도는 무섭고 두렵지만 더 나은 삶을 기대하며 메이플라워호 를 타고 아메리카로 출발했어. 당시 북아메리카로 이민 온 사람들은 대부분 영국인이었어. 라틴아메리카에는 이미 포르투갈과 에스파냐가 굳건히 자리 잡고 있었으니, 식민지 개발에 관심이 많았던 영국은 북아메리카에 눈독을 들일 수

플리머스항에 체류하고 있는 메이플라워호

밖에 없었지. 본국의 지원을 받으면서 영국의 이주민 수는 점차 늘었고, 1732년 무렵 유럽과 마주 보는 대서양 연안 지역에는 13개의 영국 식민지가 만들어졌어.

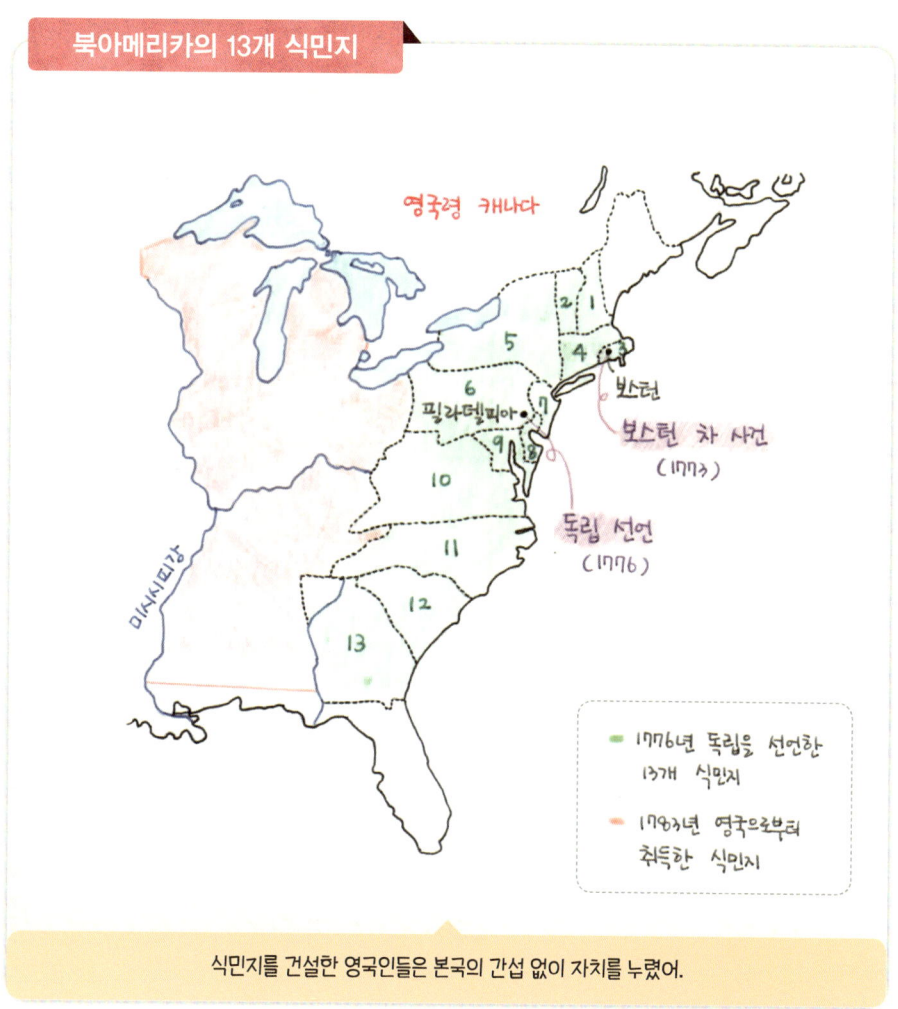

북아메리카의 13개 식민지

식민지를 건설한 영국인들은 본국의 간섭 없이 자치를 누렸어.

처음에 영국은 식민지에 대해 간섭하지 않았어. 13개 식민지는 자체적으로 의회를 만들어 자신들의 문제를 해결했지. 그런데 영국이 북아메리카에 식민지를 더 만들려고 프랑스와 전쟁을 벌이면서 문제가 발생했어. 7년에 걸친 싸움으로 자금이 부족해지자, 영국은 식민지에 새로운 세금을 부과하여 자금 문제를 해결하려고 했지. 설탕과 차 등의 수입품에 세금을 부과하고, 공공 기관에서 작성한 서류와 출판물에 대해 인지세 를 도입했어. 식민지 사람들은 반발했지. 식민지의 대표자가 한 사람도 참석하지 않은 영국 의회에서 결정된 법을 따르는 건 옳지 않다고 여긴 거야. "대표 없는 곳에는 세금을 부과할 수 없다."라며 강하게 거부했어.

영국 수입 인지

BRITISH STAMP.

식민지인들의 강한 반발로 1766년 3월 20일에 폐지되었지.

영국이 미국 식민지에 부과한 인지세법 시행에 사용된 인지야. 신문, 팸플릿 등의 출판물, 법적인 증명서, 허가증, 플래카드 등에 반드시 붙여야만 했어.

여기에 더해 영국이 차 무역을 독차지하자 갈등은 더 심해졌어. 식민지 사람들은 동양과 네덜란드에서 차를 몰래 들여왔고, 영국은 이를 막으려고 동인도 회사만 차를 팔 수 있게 해 버렸어. 머리끝까지 화가 난 보스턴의 차 상인들과 시민들은 인디언으로 변장하고 동인도 회사의 배에 몰려들어가 차 상자를 바다에 던져 버렸지. 1773년 12월 추운 겨울에 일어난 이 사건을 보스턴 차 사건 이라고 해.

보스턴 차 사건

보스턴 차 사건을 계기로 미국 독립 전쟁이 전개되었어.

보스턴 차 사건 이후 영국은 식민지를 더욱 괴롭혔어. 대책을 마련하기 위해 13개 식민지 대표가 필라델피아에 모여 대륙 회의 를 열었지. 영국과 아메리카의 갈등은 날이 갈수록 심해져서 1775년 렉싱턴에서 영국군과 식민지 독립군이 충돌하고 말았어. 이 전투에서 독립군이 뜻밖의 승리를 거두자 용기를 얻은 사람들은 조지 워싱턴을 총사령관으로 뽑고 본격적으로 독립을 위한 전쟁을 벌여 나갔어. 드디어 1776년 7월 4일, 영국으로부터의 독립을 알리는 〈독립 선언서〉가 발표되었지. 토머스 제퍼슨이 쓴 〈독립 선언서〉에는 평등, 자유, 행복의 추구는 인간의 기본권이며, 주권은 국민에게서 나온다는 등의 내용이 수록되었어.

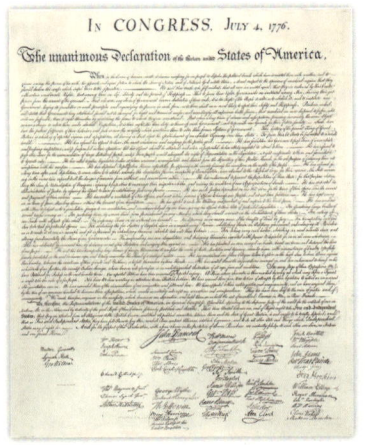

미국 〈독립 선언서〉

미국 〈독립 선언서〉에는 자연권과 사회계약론을 토대로 민주주의의 기본 원리가 담겨 있어.

독립 전쟁 초기에는 무기도 모자라고 병사들도 많지 않아서 독립군에게 많이 불리했어. 그렇지만 영국의 경쟁국이던 프랑스와 에스파냐의 도움으로 전세가 역전되었지. 요크타운 전투 에서의 결정적인 승리로 1783년 13개 식민지는 영국으로부터 독립을 승인받았단다.

요크타운 전투에서 영국군 사령관인 콘월리스가 항복하는 모습

1781년 콘월리스는 미국 독립군과 프랑스군의 연합 공격에 밀려 항복하였어. 8천여 명의 군사와 함께 말이야.

요크타운 전투는 미국 독립의 분수령이 되었어.

독립을 쟁취한 식민지 대표들은 헌법 제정 회의를 열어 새로운 헌법을 만드는 일부터 시작했어. 각 주가 자체적으로 일상의 문제를 결정하고 중요한 사안만 중앙 정부가 관리하는 연방제 와 국민이 뽑은 대통령과 의회가 나라를 이끌어 가는 공화정 을 실시하는 나라라고 헌법에 명시했지. 이 연방 헌법에 따라 첫 대통령이 된 사람은 조지 워싱턴이야. 1789년에는 대통령의 이름을 딴 워싱턴 D.C.를 수도로 하는 아메리카 합중국 이 탄생했단다. 미국의 독립은 프랑스 혁명에 영향을 끼쳤어. 또 에스파냐와 포르투갈의 식민지로 살고 있던 라틴아메리카에도 독립의 필요성을 알려 주었고, 이후 미국처럼 대통령제를 선택하는 나라들이 생겨났어.

2. 확대되고 통합된 미합중국

독립한 식민지 13개 주는 전부 북아메리카 대륙 동쪽의 대서양 연안에 몰려 있었어. 유럽에서 가까운 지역에 위치한 거지. 이후 미국은 서쪽의 여러 땅을 아주 싼값에 사들여 영토를 두 배 이상으로 넓혔어. 이를 시작으로 돈을 주고 사거나 강제로 빼앗는 등 계속해서 영토를 넓혀 갔지. 이렇게 넓힌 땅에 사람을 살게 하려고 헐값에 땅을 나눠 주는 정책을 폈어. 그런데 땅이 워낙 넓다 보니 미국뿐만 아니라 유럽 여러 나라 사람들까지도 여기에 동참하게 되었어. 특히 영국 사람들이 상당수 미국으로 넘어왔지. 조금만 고생하면 내 땅을 가질 수 있으며 더 잘 살 수 있겠다는 희망을 품고 말이야.

미국의 탄생과 영토 확장

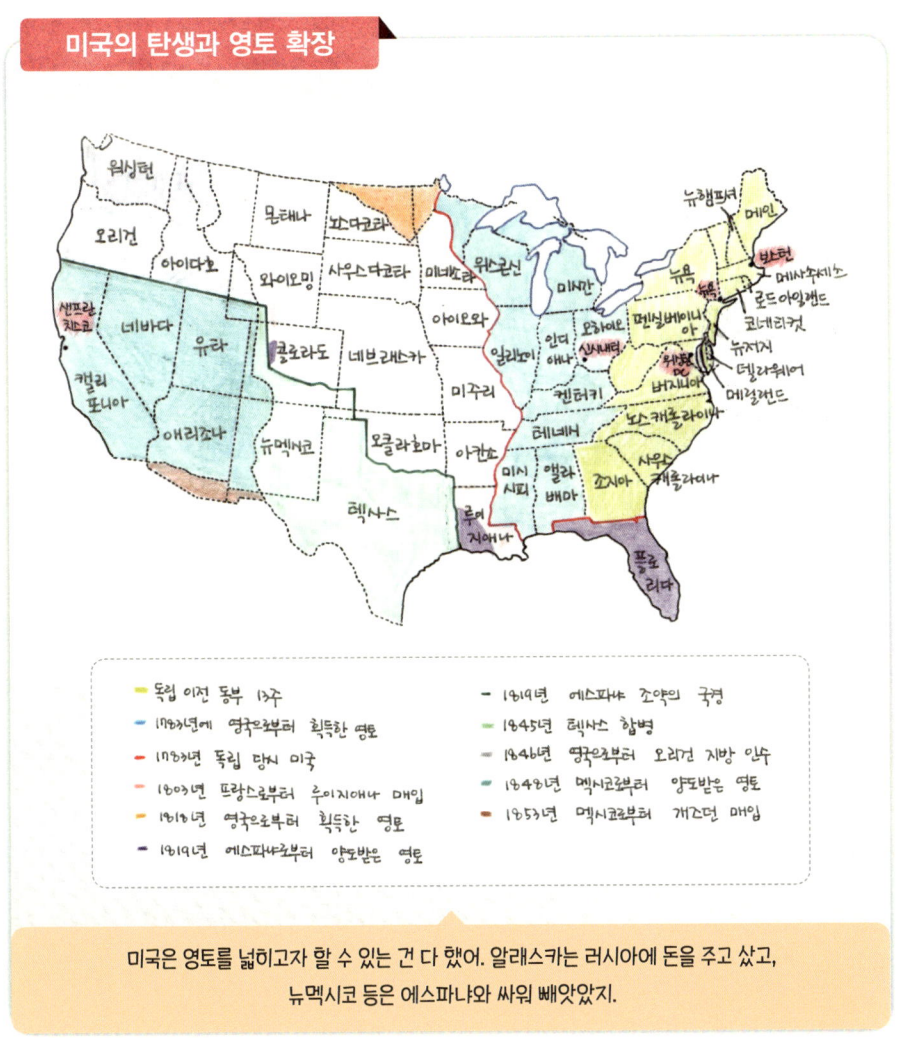

미국은 영토를 넓히고자 할 수 있는 건 다 했어. 알래스카는 러시아에 돈을 주고 샀고, 뉴멕시코 등은 에스파냐와 싸워 빼앗았지.

1848년 캘리포니아에서 금이 발견되었다는 소문이 났어. 각지에서 사람들이 구름떼처럼 몰려와 캘리포니아는 순식간에 인구 10만 명의 대도시로 변했지. 이때 모여든 사람들은 거의 광부로 일했어. 황금

사금을 채취하는 모습

을 향해 돌진하는 골드러시의 시대이자 본격적인 서부 개척 시대 가 시작되었지만, 모두 부자가 된 것은 아니야. 금광은 대부분 돈 많은 사람이 차지한 데다 열심히 사금을 캐서 번 돈을 술과 도박으로 흥청망청 써 버리는 경우가 많았기 때문이야.

중부 대평원이 대규모 목축에 적합한 곳이라는 사실이 알려지자 원주민을 쫓아내고 이 지역을 차지하려는 사람들이 나타났어. 개척되지 않은 땅보다는 사람이 살고 있던 지역이 살기 편하니까. 사람들은 점점 더 원주민이 사는 땅을 노렸지만, 삶의 터전을 내줄 수 없었던 원주민은 절대 땅을 팔지 않았지.

그러자 1830년 나라에서 인디언 강제 이주법 을 만들어 땅을 빼앗기 시작했단다. 원주민들은 총으로 위협하는 군인들을 이겨 낼 수가 없어서 서부로 끌려갔어. 그러나 서부 역시 비어 있는 땅이 아니었어. 그곳에도 원주민이 살고 있었거든. 군인들은 원주민의 땅은 빼앗지 않겠다고 한 약속을 어기고 이곳의 원주민들도 쫓아냈어. 결국 정부는 인디언 보호 구역 을 정하고 각지에서 끌고 온 원주민들을 몰아넣었단다. 지정된 장소 외에서는 살 수 없게 만들었지. 반발과 저항도 최신식 무기 앞에서는 소용이 없었어. 1890년 무렵에는 모든 아메리카 인디언들이 지정된 구역으로 끌려갔고, 인디언 부족들의 고유한 전통 문화 역시 거의 사라졌대. 〈독립 선언서〉에 실린 인간의 기본권인 평등, 자유, 행복의 추구는 과연 누구를 위한 것이었을까?

19세기 중반 무렵 대도시와 공장이 많았던 미국 북부에서는 상공업이 발전했어. 넓은 토지와 따뜻한 기후를 가진 남부에는 면화와 담배를 재배하는 대규모 농장이 많았고. 농장에 필요한 노동력은 아프리카에서 끌고 온 노예로 충당했지. 반면 북부에서는 자유로운 노동력이 있으면 되었기에 노예를 풀어 주려 했어. 경제 구조가 달라서 생긴 남북부의 갈등은 노예제 폐지를 둘러싸고 점점 더 심해졌어.

남북 전쟁 전의 북부와 남부 비교

구분	북부	남부
경제	상공업 중심	농업 중심
무역	보호 무역 지지	자유 무역 지지
정치적 입장	연방주의	분권주의
정당제	공화당	민주당
노예제	반대	찬성

그러던 중 1860년에 노예제 확장을 반대하고 연방제 유지를 주장하여 북부의 지지를 받던 링컨이 대통령으로 당선되었어. 노예제 유지를 바라던 남부의 몇몇 주는 연방을 탈퇴하였고, 연방제를 지키기로 약속한 링컨은 연방을 탈퇴한 남부와 전쟁을 해야만 했어.

1861년에 시작된 남북 전쟁은 4년 동안이나 지속되었어. 전쟁 초기에는 영국의 지원을 받은 남군이 유리했지. 그러나 링컨 대통령이 1863년 1월 1일 노예 해방 선언을 발표하자, 해방된 흑인 노예들이 북군에 가담해 전력에 도움을 주었어. 전쟁이 길어질수록 경제적으로나 수적으로 우세한 북군에게 유리해졌지. 전쟁은 1865년 북부의 승리로 끝이 났단다.

게티즈버그에 버려진 북군 시체들

1863년에 벌어진 게티즈버그 전투는 남북 전쟁 중에서 가장 참혹한 전투였어. 링컨 대통령은 이 전투에서 전사한 군인들을 기리는 추모사에서 '국민의, 국민에 의한, 국민을 위한' 정부라는 역사적인 연설을 했지.

전쟁 후 미국은 다시 한 나라, 하나의 연방이 되었어. 노예 제도는 공식적으로 폐지되었고. 그러나 아무리 법적으로는 없어졌다고 해도 흑인에 대한 차별은 사라지지 않았어. 100년이 지나도록 참정권조차 얻지 못했으니까. 안타깝게도 여전히 미국 사회 곳곳에 차별이 남아 있단다.

3. 라틴아메리카의 불완전한 독립

에스파냐와 포르투갈은 라틴아메리카에 들어와 엄청난 양의 금과 은을 300년 동안이나 약탈했어. 또한 원주민의 땅을 빼앗아 대규모 농장을 세웠어. 원주민은 설탕, 목화, 커피 등을 생산하기 위해 아프리카에서 팔려 온 흑인 노예와 함께 죽도록 일해야 했고. 이로 인해 라틴아메리카는 가난하고 낙후된 생활을 할 수밖에 없었지. 이런 라틴아메리카에도 19세기 초 나폴레옹 전쟁의 영향으로 유럽이 혼란스러워지자 독립의 바람이 불어왔어. 에스파냐와 포르투갈의 힘이 약해진 틈을 놓치지 않은 거지.

라틴아메리카에서 가장 먼저 독립한 나라는 아이티 야. 2010년 1월 서인도제도에서 발생한 지진으로 인해 많은 아이티 사람들이 다치거나 죽고 건물은 처참하게 부서져 폐허가 되었어. 당시 뉴스에서 나온 지진 현장 화면을 보면서 이상하다는 생각이 들었단다. 아프리카도 아닌데 전부 흑인만 있었거든. 아이티는 아메리카에 노예로 끌려온 아프리카의 흑인 중 카리브해 북쪽 섬 끝에 살았던 사람들이 독립해서 만든 나라야. 이 지역은 라틴아메리카에서 유일하게 프랑스의 통치를 받았는데, 프랑스에서 혁명이 일어났다는 소식이 전해지자 봉기를 일으켰단다(1791년). 투생 루베르튀르 라는 뛰어난 지도자 아래 똘똘 뭉쳐서 에스파냐, 영국, 프랑스의 군대를 모두 격파하고 1804년 흑인 노예 국가로서는 최초로 공화국을 세웠단다.

아이티의 독립을 시작으로 라틴아메리카의 식민지들이 잇따라 독립 전쟁을 벌였어. 특히 라틴아메리카에서 태어난 백인인 크리오요들은 본국에 상당한 저항 의식을 갖고 있었어. 이들은 문화적, 인종적으로는 에스파냐와 연결되어 있었지만 정치적, 경제적으로는 분리되기를 원했지. 본국의 수탈과 차별에 불만이 많았거든. 그렇기에 크리오

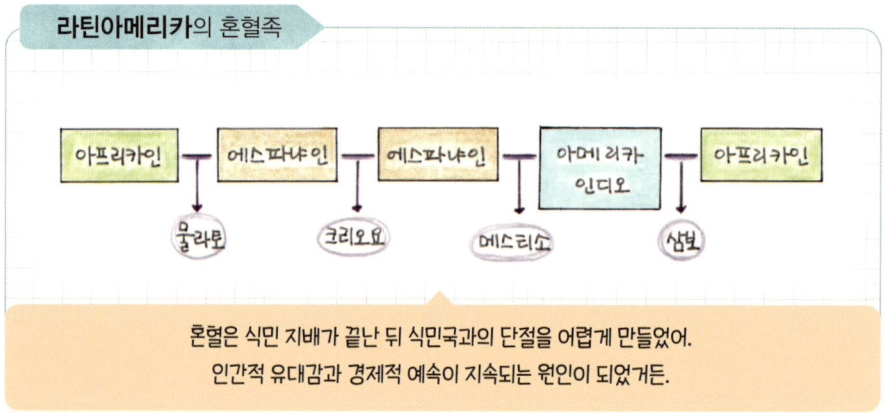

라틴아메리카의 혼혈족

혼혈은 식민 지배가 끝난 뒤 식민국과의 단절을 어렵게 만들었어.
인간적 유대감과 경제적 예속이 지속되는 원인이 되었거든.

요인 시몬 볼리바르 가 라틴아메리카의 독립을 주도하였어. 그는 1810년부터 수많은 전쟁을 치러 1819년 콜롬비아를 독립으로 이끌었지. 이것으로 만족하지 않고 1822년에는 에콰도르를, 1824년에는 페루를, 마지막으로 1825년에는 볼리비아의 독립을 이루었단다. 사람들은 볼리바르에게 '해방자'라는 이름을 붙여 주었고, 그를 기념하기 위해 나라 이름을 볼리비아라고 했대.

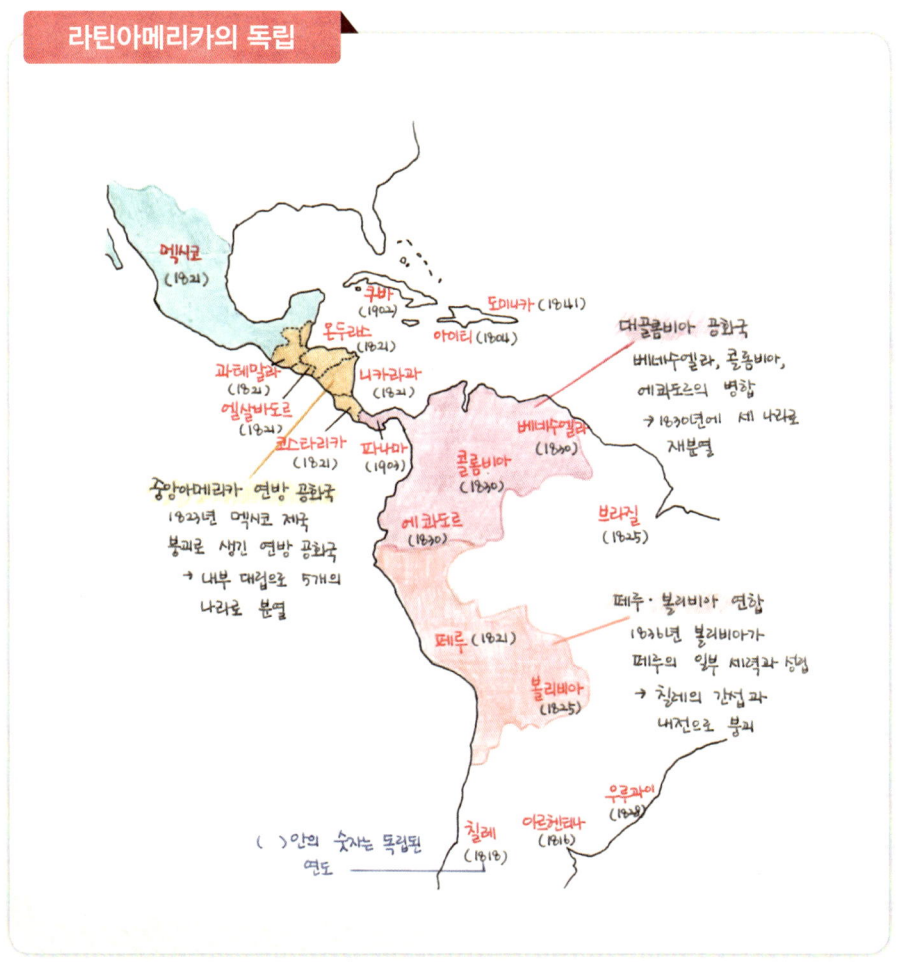

라틴아메리카의 독립

또 다른 크리오요인 산마르틴 의 활약으로 아르헨티나와 칠레도 독립을 이뤘고, 포르투갈의 지배를 받던 브라질도 포르투갈 왕실의 내분을 틈타 독립에 성공했지. 멕시코는 에스파냐의 식민지 중 인구가 가장 많고 부유했기에 더 강한 통제와 감시 속에 살았어. 그렇기에 독립을 향한 움직임은 번번이 실패할 수밖에 없었지. 1821년 멕시코는 드디어 독립을 선언하고, 국민이 뽑은 대통령을 가진 멕시코 공화국이 되었단다.

빈 체제를 이끌던 메테르니히는 라틴아메리카에서 독립운동이 일어나자 무력으로 탄압하였어. 새로운 무역 시장이 필요했던 영국은 라틴아메리카의 독립을 지원했고, 메테르니히의 간섭이 싫었던 미국은 먼로 선언 을 발표했어. 먼로 선언의 주된 내용은 유럽이 아메리카 대륙을 간섭하지 않으면 미국도 유럽에 간섭하지 않으며, 유럽이 아메리카 대륙에 새로운 식민지를 건설하는 것을 반대한다는 거야. 한마디로 유럽의 강대국들이 아메리카 문제에 간섭하지 못하게 한 것으로, 라틴아메리카의 독립에 크게 기여했어.
독립 후 라틴아메리카의 여러 나라는 공화정이나 입헌 군주정을 세우며 잘 살아 보려 했어. 하지만 정치 세력 간의 다툼으로 독재자가 등장하였고, 경제적으로 유럽에 얽매여 있었고, 라틴아메리카에 대한 욕심을 버리지 못한 영국과 미국의 간섭으로 이러한 바람은 제대로 이루어지지 못했지. 지금까지도 라틴아메리카의 많은 나라가 힘겹게 살고 있단다.

13 확장하는 유럽과 요동치는 아시아·아프리카

1. 제국주의의 땅따먹기

세상은 과학 기술과 산업에 뿌리를 둔 자본주의 사회가 되었어. 대량 생산에 필요한 원료와 자원을 값싸게 들여오고 쌓여 가는 상품을 팔 곳이 필요해졌지. 은행에 쌓여 가는 돈을 투자할 곳도 찾아야 했고. 이때 찾아낸 해결책이 식민지였어. 하지만 모든 것을 빼앗기는 식민지가 되고 싶은 나라가 어디 있겠어? 그러니 강대국들이 무력으로 약한 나라를 차지해서 지배했지. 이를 제국주의 라고 한단다. 제국주의 국가들은 치열한 경쟁을 통해 식민지를 획득했어. 자기 나라를 벗어난 전 세계를 시장으로 삼기 위해 끊임없이 전쟁을 벌였던 거야. 이 과정에서 영국은 아프리카에서 종단 정책(이집트~케이프타운)을 추진했고, 프랑스는 횡단 정책(알제리~마다가스카르)을 실시했어. 결국 두 나라는 1898년 수단의 파쇼다 에서 충돌했지. 이 사건은 프랑스의 양보로 해결되었고, 이후 두 나라는 독일에 대항하기 위해 손을 잡았어. 식민지 쟁탈전의 후발 주자였던 독일과 미국의 추월을 무시할 수가 없었거든.

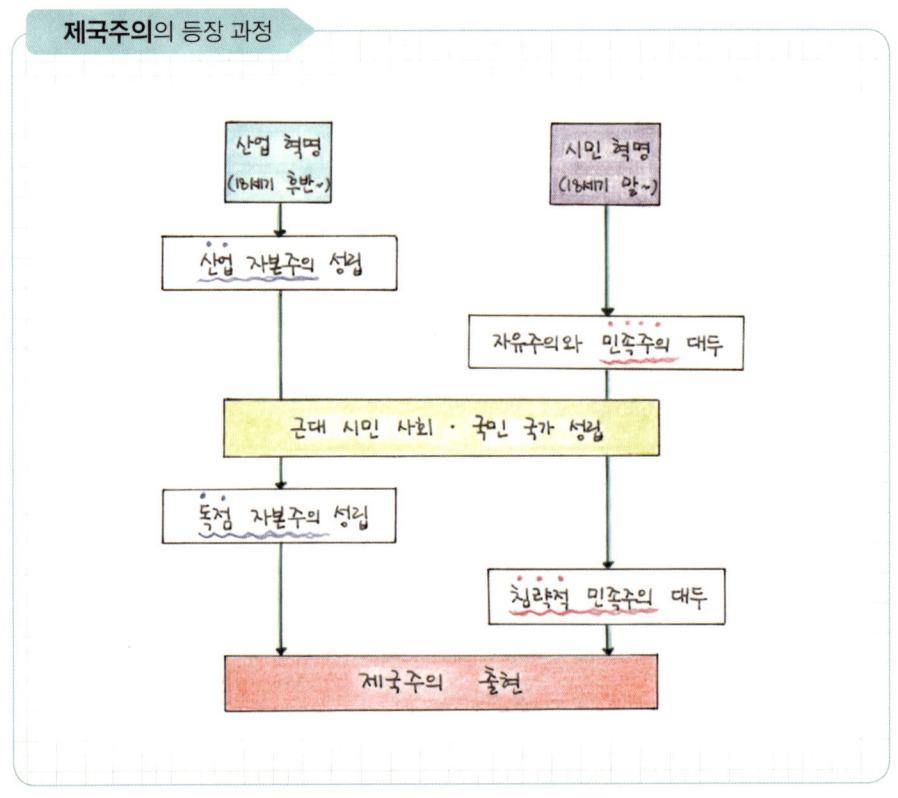

제국주의는 국내의 사회 문제를 해결하는 데도 이용되었어. 사람들의 관심을 나라 밖으로 돌려 산업화로 인한 갈등과 불만을 가라앉히려 한 거지. 게다가 자기 민족의 우월성을 내세워 다른 민족을 지배하려는 극단적이고 공격적인 민족주의 경향으로까지 악화되었지. 열등한 인종과 사회는 사라지고 우월한 인종과 사회만 생존한다는 사회 진화론과, 뛰어난 백인이 미개하고 야만적인 유색인들을 교화하고 가르치는 것이 정당하다는 백인 우월주의를 내세워 식민지 침략을 정당화했어. 결국 이탈리아와 독일의 통일 이후 제국주의는 민

족주의적 성격이 강해지면서 걷잡을 수 없이 침략적으로 변해 버렸단다.

허버트 스펜서

허버트 스펜서가 처음으로 사회 진화론 개념을 사용했대!

사회 진화론은 찰스 다윈의 생물 진화론을 사회의 변화와 모습에 적용하고 해석한 견해야. 앵글로 색슨족이나 아리안족의 문화적·생물학적 우월성을 강변해 제국주의와 인종 차별을 합리화하는 데 이용되었단다.

노예 공급지였던 아프리카가 다시 주목받은 것은 19세기 중엽의 리빙스턴과 스탠리의 탐험 때문이었어. 이후 유럽의 여러 강대국은 앞다투어 금과 다이아몬드의 대륙 아프리카로 달려갔어. 벨기에가 스탠리의 탐험을 발판 삼아 아프리카 중부의 콩고를 지배하겠다고 선언하면서 경쟁과 갈등이 시작되었지. 결국 라이베리아 와 에티오피아 를 제외한 아프리카 전역이 유럽의 식민지가 되었어. 영국, 프랑스, 포르투갈, 벨기에, 이탈리아에 독일까지 6개 나라가 나눠 가진 아프리카 대륙은 제국주의 세력의 먹잇감으로 전락했단다.

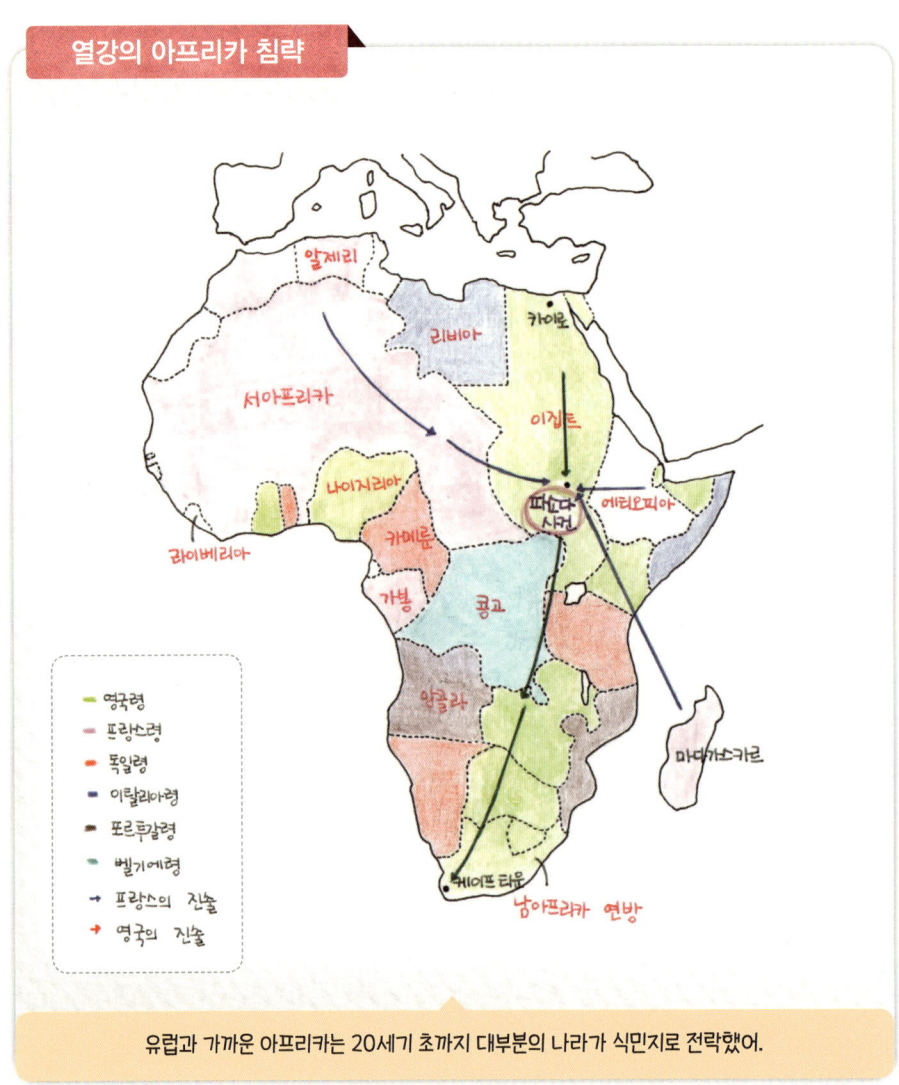

유럽과 가까운 아프리카는 20세기 초까지 대부분의 나라가 식민지로 전락했어.

제국주의가 등장하기 전부터 아시아 지역에는 유럽의 식민지가 제법 있었어. 무역하기 편한 위치인 데다가 값비싼 향신료가 많이 나서 유럽 여러 나라가 가만히 두지 않았거든. 특히 인도와 중국은 넓은 땅과 풍부한 자원, 많은 인구를 가지고 있어 일찍부터 유럽 강대국이 매력을 느끼고 있던 시장이었지.

영국은 아편 전쟁을 일으켜 중국을 무력으로 굴복시켰고, 인도에는 영국령 인도 제국을 세웠어. 제국주의의 꽃이라 불리던 인도를 지배한 영국은 말레이반도까지 나아갔어. 말레이반도의 9개 주와 페낭, 말라카로 구성된 말레이 연방을 만들었지. 한편 인도에서 영국에 밀린 프랑스는 베트남과 캄보디아에 진출했어. 프랑스 역시 인도차이나반도에 연방을 수립하였어. 네덜란드는 인도네시아에 네덜란드령 동인도를 만들었지. 동남아시아에서 타이 만이 유일하게 제국주의 열강의 손아귀에서 벗어나 있었어.

다양한 자원이 풍부한 태평양의 섬들도 마찬가지였어. 가장 발 빠르게 움직인 영국은 오스트레일리아와 뉴질랜드를 차지해 오스트레일리아 연방을 조직했어. 일부는 아예 영국 제국으로 편입시켰지. 독일은 태평양의 마셜 제도와 캐롤라인 제도 등을 차지하였고, 에스파냐와의 전쟁에서 이긴 미국은 필리핀과 하와이, 괌 등을 장악해 해양 강국으로 떠올랐단다.

19세기 말에서 20세기 초 영국은 전 세계 영토와 인구의 4분의 1을 차지하고 있었기에 해가 지지 않는 나라 라 불리기도 했대.

영국의 빅토리아 여왕

1837년부터 1901년까지를 빅토리아 시대라고 해. 빅토리아 여왕이 재임하였던 시기에 영국은 산업 혁명으로 생산력이 엄청나게 증가했어. 또한 세계 곳곳을 식민지로 만들어 대영 제국의 절정기를 이루었지.

생김새와 피부색이 다르고, 돈과 무력을 가지지 못했다는 이유로 다른 나라를 쳐들어가고 함부로 대하는 것은 절대 해서는 안 되는 일이야. 많은 나라가 과거 자신들의 잘못을 뉘우치고 조심하고 있지만, 제국주의 확산에 이용된 백인 우월주의는 여전히 남아 있단다. 백인을 대할 때랑 흑인이나 동남아시아 사람을 대할 때 태도가 달라지지는 않는지 스스로 살펴보면 좋겠어.

2. 아편 전쟁에서 신해혁명까지 숨찬 중국

1840년의 아편 전쟁

1839년 영국은 아편 몰수를 구실로 중국과 전쟁을 벌였어.
전쟁에서 승리한 영국은 문호를 개방하라고 압력을 가했지.

중국의 차가 영국에 처음 들어온 때는 16세기 중반이야. 에스파냐 공주가 영국 왕실로 시집오면서 차와 설탕을 가져왔거든. 18세기 이후 영국 사람들은 차를 즐겨 마셨고, 19세기 초에는 차를 마시는 것이 하나의 문화로 자리 잡았어. 영국은 은을 지불하고 많은 양의 중국산 차를 샀어. 그러면서 엄청난 은이 청으로 빠져나가자 비겁하게도 인도에서 재배한 아편을 몰래 청나라에 팔기 시작했어. 아편은 마약이야. 중독성 강한 아편으로 인해 청나라 사람들의 건강이 나빠진 것은 물론이고, 아편 대금으로 은이 뭉텅뭉텅 빠져나가면서 경제도 휘청거렸어. 참다못한 청나라는 관리를 보내 영국 상인들로부터 아편을 몰수해 버렸어. 영국은 자국의 상인을 보호한다는 구실로 군함을 파견해 중국을 공격했고, 아편 전쟁 이 일어났단다.
영국의 신식 군대를 이길 수 없었던 청나라는 두 번에 걸친 전쟁으로 조약인 난징 조약과 톈진 조약·베이징 조약 을 맺었어. 10개의 항구를 개항하고 홍콩은 영국에, 연해주는 러시아에 줘야 하는 등 열강에 유리한 내용을 담고 있었지.

아편 전쟁에서의 패배로 배상금 지불까지 고스란히 떠안은 농민들은 더 가난해졌어. 살기가 어려워지자 도적 집단이 들끓기까지 해 농민들은 고통 속에 내몰려 있었지.
그들은 모두가 평등하게 잘 사는 세상을 원했어. 이때 홍수전을 중심으로 농민, 광부, 빈민 등이 모여 태평천국 운동 을 일으켰어. 만주족이 아닌 한족 왕조를 세우자며 청나라 군대에 맞서 싸웠지. 한때는 난징을 점령해 수도로 삼고 태평천국을 세웠으나, 시간이 흘러 한인 관료 중심의 의용군과 영국·프랑스군에 의해 진압되고 만단다. 홍수전은 이 상황을 한탄하며 스스로 목숨을 끊었고, 태평천국 운동은 막을 내렸어.

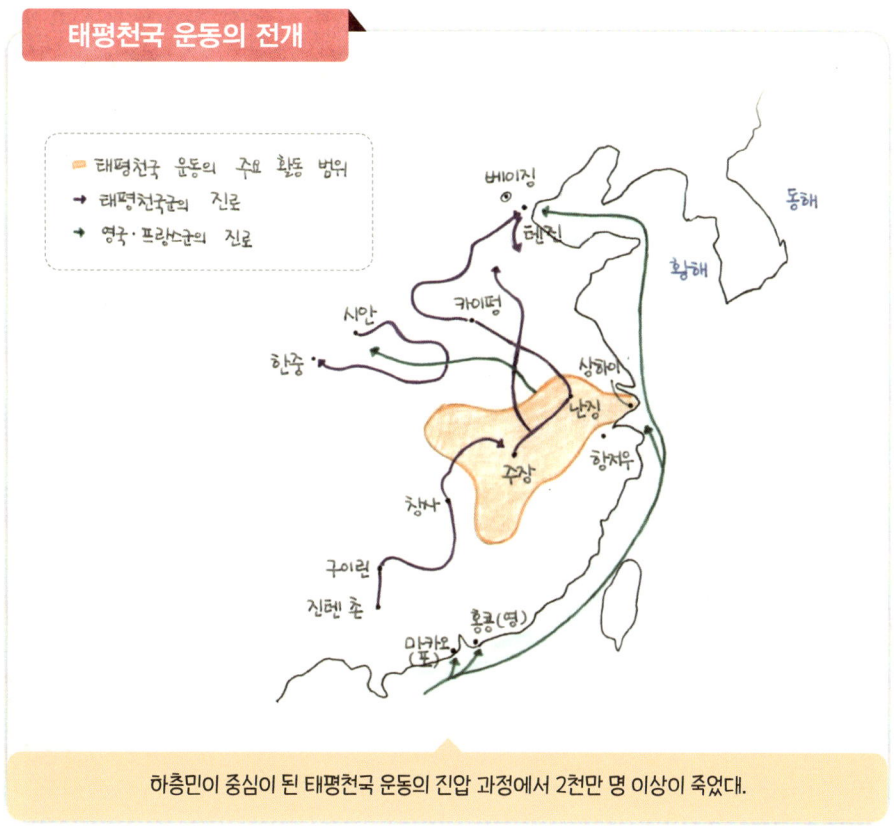

태평천국 운동의 전개

하층민이 중심이 된 태평천국 운동의 진압 과정에서 2천만 명 이상이 죽었대.

청나라는 몇 차례의 전쟁과 내란을 겪으면서 서양의 우월한 군사력을 경험했어. 그 결과 부국강병을 이루기 위해서는 서양의 군사력과 과학 기술을 받아들여야 한다고 결론을 내리고, 양무운동 을 시작했어. 양무란 서양의 문물을 힘써 배우자는 뜻이야. 태평천국 운동 진압에 공을 세운 이홍장과 증국번 등의 지방 한인 관료들이 양무운동을 주도했어. 서양식 무기를 도입하고 무기와 배를 만드는 공장을 세웠어. 광산을 개발하고 해군을 조직했지.

난징 기기창

대포, 총포, 탄약 등을 만드는 기기창은 원자재를 수입해야 하고 서양인 기사에 의해 운영되었어. 게다가 중국인 관료의 인건비까지 지급해야 해서 경영하는 데 어려움이 많았지.

복주 선정국

복주 선정국은 프랑스 해군으로부터 허가를 받은 약 40명의 기술자와 용광로를 갖춘 서양식 해군 조선소였어.

철갑함 진원

독일에서 만들어진 철갑함 진원은 '동양 제일의 전함'으로 불렸지만, 청일 전쟁 때 일본 해군에 나포되었대.

1884년 북양함대, 남양함대, 복건함대의 3대 함대가 마련되었어. 중국에서 건조한 배도 있었으나 주력함은 주로 영국, 독일에서 수입하였지.

또한 외국어 학교를 만들고, 서양에 유학생을 파견했어. 그러나 중국 사람들의 전통적 생각과 정치 제도를 바꾸지 않은 채 서양의 과학 기술만 받아들이려 했던 것이 문제가 되었어. 중앙 정부 관료들의 반대가 심해 제대로 추진하기도 힘들었고 말이야. 30년에 걸쳐 진행된 양무운동은 평소 오랑캐라고 무시하고 별 볼 일 없다고 하찮아했던 일본과의 전쟁에서 패하면서 끝이 났어. 영국과 프랑스 등 서양 세력에게는 패배하였지만, 그래도 동아시아에서는 최강국이라고 자부하던 중국의 마지막 자존심이 청일 전쟁 에서의 패배로 무참히 깨져 버렸단다.

신식 군대와 무기를 갖췄는데도 일본에 졌다는 사실이 청나라에는 큰 충격이었어. 캉유웨이를 비롯한 개혁적인 한인 지식인들은 일본에 패한 이유를 찾다가 일본의 메이지 유신과 양무운동을 비교하게 되었어. 입헌 군주제를 도입한 일본처럼 제도를 바꿨어야 했는데, 제도는 그대로인 상태에서 기술만 받아들인 한계가 있었다는 걸 깨달았지. 그래서 1898년에 제도를 개혁하여(변법) 스스로 강해지자(자강)는 **변법자강 운동**을 추진했어. 개혁을 주도한 사람들은 황제를 설득하여 일본처럼 바꾸려 했으나, 권력을 잃을 것을 걱정하던 사람들이 쿠데타를 일으켰지. 개혁이 시작된 지 100일 만에 황제를 몰아내고 변법자강 운동의 지도자들을 처형함으로써 모든 것은 물거품이 되어 버렸어. 이 일을 계기로 나라를 바꾸려면 청나라를 무너뜨리고 새로운 중국을 건설해야 한다고 주장하는 사람들이 늘어났어.

서태후

광서제를 황제로 만든 서태후는 황제보다 권력이 더 강했어. 광서제가 변법자강 운동을 추진하자, 군대를 동원해 광서제를 황궁에 가두고 변법자강 운동을 탄압했지. 이후 청나라는 변혁의 기회를 잃고 외세로부터 굴욕을 당하게 된단다.

변법자강 운동의 전개

배경	· 청일전쟁 패배 · 양무운동의 한계 인식
모델	일본의 메이지 유신
개혁 내용	· 과거제 폐지 · 입헌 군주제 시행 · 군대 개혁 · 자본주의 체제 시행
결과	보수파의 반대로 실패

양무운동과 변법자강 운동은 서양의 앞선 문명을 받아들여 중국의 발전을 이루고자 한 시도였어. 하지만 모두 실패로 끝이 나자 강대국들이 노골적으로 침략해 왔어. 영국은 산둥반도 북쪽과 주룽반도의 비옥한 평야를, 독일은 산둥반도의 칭다오를 점령하였어. 러시아는 만주의 뤼순에 요새를 만들었고, 프랑스는 통킹과 하이난섬의 이권을 차지하였으며, 일본은 타이완에 이어 조선에 대한 야욕을 대놓고 드러냈지.

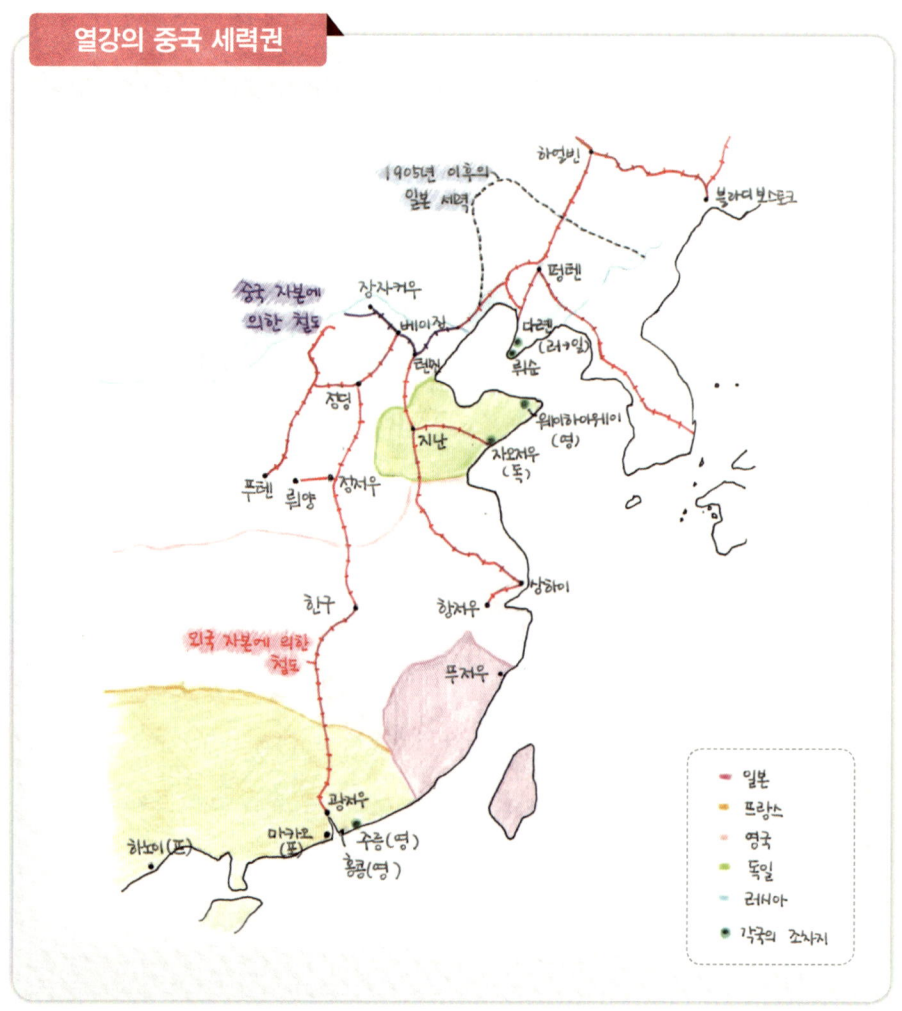

열강의 중국 세력권

견디다 못한 백성들은 나라에 의지하지 않고 스스로 나설 수밖에 없었어. 이를 의화단 운동 이라 하는데, 청나라를 도와 서양 세력을 몰아내자는 목적이 있었지. 서양 세력을 몰아내기 위해서는 만주족, 한족의 구분 없이 힘을 모아야 한다고 주장했어. 의화단은 의화권이라는 무술을 연마하는 단체로, 서양 선교사들이나 변절한 중국 사람들에 대한 반발로 만들어졌어. 이들은 중국의 무예를 익히고 전통을 지킨다고 자부하고 있었단다. 당시 대부분의 청나라 사람들은 나라를 착취하고 억압하는 서양 세력을 미워했어. 또한 선교사를 앞세운 그리스도교가 서양 세력의 침략에 도움을 준다고 싫어했고. 그래서 의화단은 그리스도교와 외세를 거부하며 이와 관련된 것은 모조리 부수었지. 교회를 불태우고, 철로를 뜯어냈으며, 전봇대를 뽑아 버렸어. 이들이 베이징까지 진출하자 무려 8개 나라(영국, 프랑스, 러시아, 오스트리아, 이탈리아, 독일, 미국, 일본)의 연합군이 파병해 의화단을 무너뜨렸어.

프랑스 신문 《르 프티 파리지앵(Le Petit Parisien)》에 실린 삽화. 의화단원들이 철도를 파괴하는 모습이야.

신축 조약 체결서

의화단 운동의 결과로 체결된 신축 조약은 막대한 배상금 지불, 외국 군대의 베이징 주둔 허용 등을 담고 있는 불평등 조약이었어.

이후 청나라는 한 해 예산의 다섯 배가 넘는 배상금을 지불하느라 재정난에 허덕였어. 뭔가 바뀌지 않으면 안 될 것 같은 위기감에 왕조는 유지하면서 헌법을 바꾸자는 신정 개혁 이 시행되었지. 과거제를 없애고 학교를 세웠으며, 경찰과 신식 군대를 양성하고, 입헌 군주제를 검토하는 등 근대화를 위해 노력했어. 그렇지만 배상금 때문에 세금을 잔뜩 내고 있던 사람들은 개혁을 위해 세금을 더 내야 하는 상황을 받아들이기 힘들었어. 결국 개혁에 대해 커지는 불만과 양성된 신식 군대로 인해 청나라의 멸망만이 앞당겨졌단다.

쑨원

중국 사람들은 쑨원을 중국 혁명의 아버지라고 부른단다.

이제 사람들의 마음속에는 청나라가 아닌 새로운 나라를 만들어야 한다는 의지가 확고해졌어. 왕정이 아닌 공화정의 나라를 세워야 한다고 말이야. 이때 의사였던 쑨원 이 나라를 구하는 혁명 운동에 뛰어들었어. 그는 분열된 혁명 조직을 하나로 모으는 것이 중요하다고 생각하였고 만주족 타도(민족주의), 공화국 수립(민권주의), 토지 개혁(민생주의)의 삼민주의 를 내걸고 여러 차례 봉기를 시도했어.

1911년 10월 10일, 청나라는 철도를 외국의 손에 넘기기 위한 첫 단계로 국유화를 실시하겠다고 발표했어. 분노한 군인들이 혁명파와 손잡고 우창에서 봉기를 일으켰지. 이날을 쌍십절이라고 부르며 지금도 기념하고 있단다. 삽시간에 전국으로 번져 간 혁명으로 중국 지역 대부분은 청 왕조로부터 독립했고, 1912년에는 쑨원을 임시 대총통으로 하는 중화민국이 세워졌어. 이것이 바로 신해혁명 이야.

공화 정부가 들어섰으나 혁명이 완성된 것은 아니었어. 멸망 직전의 청나라 정부는 혁명파를 없애기 위해 위안스카이 에게 모든 권력을 넘겨줬고, 쑨원은 위안스카이에게 협력을 제안했어. 공화정을 세우는 데 찬성만 한다면 대총통 자리를 내주겠다고 말이야. 진심으로 나라를 위한 행동이지? 나라의 미래를 위해 자신에게 주어진 권력을 포기한다는 게 쉽지 않은 일이잖아. 권력에 욕심이 난 위안스카이는 제안을 받아들였고, 그의 도움으로 청나라를 무너뜨릴 수 있었어. 2천 년 동안 존재했던 황제의 지배가 막을 내린 중국은 이렇게 공화국이 되었단다.

그러나 위안스카이는 권력을 잡자 의회를 해산하고 황제가 되려 했어. 그가 병으로 사망한 뒤 중국 각지에서 군대를 장악한 군벌 세력이 일어났고, 열강의 침입은 더욱 심해졌어. 안타깝게도 중국은 오랫동안 분열과 내란으로 인한 혼란의 시간을 보내야만 했단다.

외국의 대사들과 함께한 위안스카이

아편 전쟁부터 신해혁명까지 약 70년의 세월은 중국이 받아들이기도, 따라가기도 벅찬 시간이었어. 특히 자신들이 세상의 중심이라는 중화사상이 여지없이 무너져 버렸으니 현실을 인정하기가 쉽지 않았을 거야.

3. 메이지 유신과 일본 제국주의

가깝고도 먼 나라 일본. 일본이 우리나라와 가장 확연하게 다른 점은 무엇일까? 바로 천황이 존재하는 입헌 군주제 국가라는 거야. 이러한 정치 형태는 메이지 유신 때 만들어져서 지금껏 유지되고 있어.

메이지 유신이 단행되기 전까지 일본에서는 막부 정치가 이루어졌어. 막부 정치 란 막부의 우두머리인 쇼군이 실질적으로 통치하는 정치 형태를 말해. 막부는 원래 전쟁터에서 장군이 있던 천막을 말하는데, 쇼군의 정부를 가리키는 말로 의미가 변했지. 천황에게는 권력이 없었고, 막부는 봉건 제도 를 바탕으로 유지되었어. 쇼군은 땅을 매개로 지방의 다이묘를 지배하고, 다이묘는 사무라이를 이용해 농민을 지배했지. 땅과 농민에 의존하는 봉건 사회는 늘 칼을 들고 다니는 사무라이로 인해 유지됐다고 해도 과언이 아니야. 그런데 상업이 발달하면서 상황이 변하기 시작했어. 일부 농민들이 상인이 되어 돈을 번 후 땅을 사서는 다른 농민에게 농사를 맡기는 경우가 생겼거든. 사무라이가 지배하는 농민은 줄어들었고, 힘이 생긴 농민들은 사무라이에게 반발했지. 사무라이는 점점 땅과 농민에 대한 지배력을 잃어 갔어.

일본의 막부

가마쿠라 막부 (1192~1333)	• 최초의 무사 정권 • 여·몽 연합군의 침공 이후 몰락
무로마치 막부 (1338~1573)	• 다이묘 (영주) 대두 • 왜구가 명·청과 조선 일대 노략질
전국 시대 (1467~1590)	• 도요토미 히데요시의 통일: 정권 안정 필요 → 조선 침략 (동아시아 세계의 전쟁이 됨)
에도 (도쿠가와) 막부 (1603~1867)	• 산킨코타이 제도 시행: 중앙 집권적인 막번 (중앙의 막부와 지방의 번) 체제 확립 • 죠닌 (상인) 문화 발달

'참근교대'라고 하는데, 다이묘의 가족은 에도에 살게 하고 다이묘는 에도와 자신의 영지에서 1년 간격으로 근무하도록 한 제도였어!!

19세기에 들어서면서 서양의 배들이 나타나 무역을 요구하자 에도 막부는 긴장했어. 청나라가 아편 전쟁에서 영국에 패했다는 소식은 일본을 충격에 빠뜨렸지. 막부는 국방을 강화하고 통상 수교 거부 정책을 고수하며 서양의 접근에 대한 경계심을 강화했어. 그러나 한편으로는 이들과 충돌하지 않으려고 서양 배들이 나타나면 먹을 것과 연료를 제공해 돌려보내곤 했지.

1853년 여름, 미국의 페리 제독이 교류를 요구하며 우라가항에 나타났어. 에도 막부는 1년 후에 답하겠다고 하고 돌려보냈지만, 결국 통상 수교 거부 정책을 포기하고 1854년 미일 화친 조약 을 맺었어.

이 또한 미국에 유리한 불평등 조약이었지. 일본은 미국을 시작으로 영국, 러시아, 네덜란드, 프랑스와도 불평등한 통상 조약을 맺었어. 그렇지만 개항을 통해 서양 열강이 지배하는 국제 질서에 편입하게 되어 활발한 무역과 문물 교류를 할 수 있게 되었단다.

매슈 페리의 2차 일본 파견 함대(1854년)

그러나 불평등한 내용의 조약 때문에 다이묘와 사무라이는 불만을 품었어. 에도 막부가 강경하게 대응하자 이들의 불만은 높아져만 갔지. 게다가 개항 후 물가가 엄청나게 올랐어. 많은 양의 원료와 차가 수출되면서 나라 안에서 사용할 물건이 부족해졌기 때문이야. 생활이 어려워지자 막부에 불만을 가진 사람들이 천황을 중심으로 뭉쳤어. 이들이 일으킨 쿠데타로 마지막 쇼군인 요시 노부 는 천황에게 명목상의 권력을 돌려줄 수밖에 없었지.

이로써 무사 집단이 통치하던 막부 체제는 약 700년 만에 막을 내리고 천황 정치가 부활했어. 천황을 중심으로 부국강병을 위해 개혁하고 근대화를 이룬 것을 메이지 유신 이라고 해.

메이지 유신을 주도한 무쓰히토 천황

메이지 정부가 막부를 없앤 후, 다이묘는 땅과 지배하던 농민을 내놓고 정부로부터 생활비를 받아 생활했어. 부와 현 단위로 행정 구역이 정비되어 중앙 집권이 이루어졌지. 평민에게도 성씨가 허락되었으며, 거주 이전의 자유도 주어졌어. 결혼과 직업의 자유도 허용되었고, 세금 제도와 군사 제도도 바뀌었어. 또한 세상을 변화시키는 근본은 교육이라는 생각에 서양식 교육 제도와 의무 교육을 도입했지. 체형 개선을 위해 육류를 장려했고, 이때 만들어진 돈가스, 카레라이스, 크로켓 등은 서양에는 없는 일본식 서양 요리란다. 표면적으로는 순조로워 보이는 개혁이었지만 내부의 불만과 갈등은 적지 않았어. 특히 세금이 늘어 힘든 농민과 징병제 실시로 특권이 사라진 사무라이의 반발이 심했단다. 또한 천황은 군림하지만 다스리지는 않아야 한다고 주장하는 사람들도 생겨났고, 이러한 요구 중 일부를 받아들여 국민의 권리를 보호하는 헌법과 의회를 만들었어. 메이지 천황은 1889년 헌법을 발표하고 그다음 해에는 의회를 만들었지. 그런데 이 헌법은 천황의 절대적인 권력을 인정하고 국민의 자유를 제한하는 내용을 담고 있어서 천황과 국가 중심 의 사고가 자리 잡는 데 큰 역할을 했단다.

이와쿠라 사절단

오른쪽에서 두 번째에 서 있는 사람이 이토 히로부미야. 조선 침략에 앞장서다 안중근 의사에게 살해당했어.

메이지 정부는 불평등 조약의 재협상과 서구 문물의 교육을 위해 이와쿠라 사절단을 파견했어. 비록 조약 개정에는 실패했지만, 이들이 배워 온 지식은 일본 근대화에 요긴하게 사용되었지.

일본은 개항 이후 적극적으로 영토를 확장했어. 법으로 칼의 소지를 금지당한 데다가 징병제 시행으로 할 일이 없어진 사무라이를 위해서라도 식민지를 확장하는 전쟁이 필요했지. 일본은 자신들의 근대화 과정에서 서구 제국주의 세력으로부터 배운 대로 했어. 무력으로, 뭐든지 무력으로, 그리고 불평등 조약을 맺는 방식으로 말이야. 먼저 청과 대등한 국교를 수립한 뒤(1871년), 조선에 국교 수립을 요구하였어. 조선이 이를 거부하자 무력으로 개항시켜 1876년 조선과 강화도 조약을 맺었어. 여기에 서양과 맺었던 불평등 조약의 내용을 그대로 담았지.

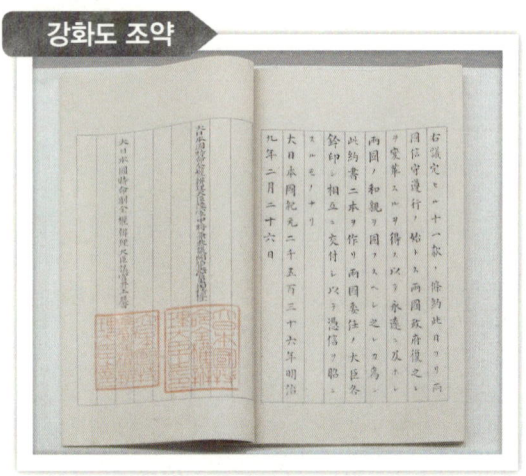

강화도 조약

'조일수호조규'라고 부르기도 해!

강화도 조약은 한국과 일본이 근대 국제법의 토대 위에서 최초로 맺은 조약이라는 점에서 의의가 있어.

그러고는 동학 농민 운동을 핑계로 조선에 들어온 뒤 청군을 기습 공격하여 청일 전쟁을 일으켰어(1894년). 이 전쟁에서 승리하여 청과 시모노세키 조약을 맺었는데, 이때 일본은 중국으로부터 막대한 배상금을 받아 산업 국가로 발전할 토대를 마련하였어. 절대 이길 수 없을 것 같았던 러일 전쟁 에서까지 승리하면서 만주와 조선에서 우위를 독점하였지.

일본과 청나라의 시모노세키 조약 조인식

1895년 4월 17일에 체결된 시모노세키 조약에는
* 청은 조선국이 완전한 자주 독립국임을 인정한다.
* 청은 랴오둥반도와 타이완 등을 일본에 할양한다.
* 청은 일본에 배상금 2억 냥을 지불한다.
등의 내용이 담겨 있어.

승승장구한 일본은 1905년 을사늑약 으로 조선을 보호국으로 만들고 1910년 조선을 차지해 식민지로 삼았어. 나아가 만주에 철도를 건설하고, 청나라로부터 이권을 빼앗는 등 본격적으로 대륙 침략을 시작했지. 조선은 일본의 산업 발달에 필요한 원료 구매와 제품 판매에 중요한 시장이 되었어.

을사늑약이 조인된 중명원

조선으로부터 약탈한 원료와 자본으로 일본의 산업은 크게 발전했지. 일본 정부의 지원을 받은 기업은 점점 재벌로 성장했고. 국가가 발전하려면 재벌 기업을 키워야 하고, 다른 기업과 국민은 희생할 수도 있다는 사고가 이때부터 자리 잡았어. 이는 일제 강점기를 통해 우리나라에도 전해져 지금까지도 이어지고 있어. 대기업의 발전이 나라 경제에 도움이 되는 것은 맞지만, 그들의 이익을 위해 다른 기업이나 국민이 희생되어서는 안 돼. 갑질 논란으로 문제가 되는 기업이나 특혜 논란으로 비난을 받는 재벌이 과연 나라와 국민을 위했는지는 생각해 볼 문제란다.

4. 인도와 동남아시아의 신음

17세기 이후 인도와 교역했던 영국은 금, 은, 향신료보다 더 값진 것을 찾아냈어. 바로 면화! 영국은 자원을 독점하기 위해 동인도 회사 라는 무역 회사를 세웠어. 또한 아우랑제브 황제 사후 무굴 제국이 약해지자, 인도를 차지하기 위해 프랑스와 경쟁했어. 1757년 플라시 에서 벌어진 전투에서 승리한 영국은 인도에서 우월한 지위를 차지했지. 무굴 제국 황제의 공식적인 보호자를 자처하며 인도 지배의 발판을 마련해 나갔어. 19세기 중엽 인도의 거의 모든 지역을 점령한 영국은 인도 사람들에게 많은 세금을 거두고 면화, 아편, 차 등 수출용 작물을 재배하게 했어. 게다가 값싼 영국의 면제품을 대량으로 인

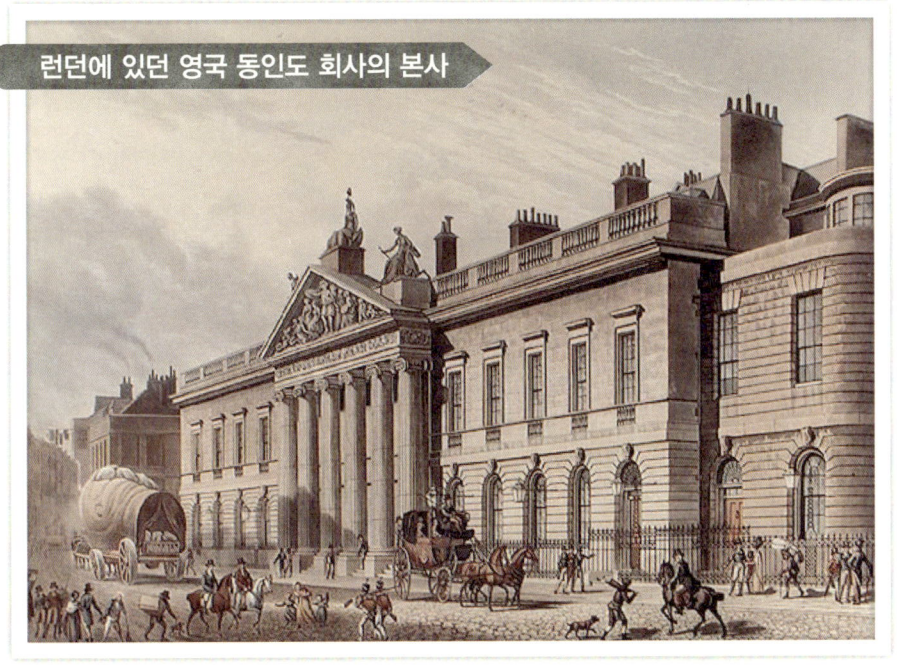

런던에 있던 영국 동인도 회사의 본사

도에 수출하여 인도의 섬유 산업을 위축시켰어. 아무리 인도의 면직물이 품질상 뛰어나도 영국에서 기계로 대량 생산한 값싼 면직물에는 밀릴 수밖에 없었거든.

동인도 회사는 인도를 식민지로 만들기 위한 군대를 가지고 있었어. 병사들 대부분은 영국인이었지만 인도 병사도 제법 있었지. 이들을 세포이라고 해. 그런데 시간이 갈수록 세포이의 불만이 쌓여 갔어. 인종 차별과 종교 탄압이 그치지 않았으니까. 그러던 중 소기름과 돼지기름을 바른 총이 지급되었고, 세포이는 항쟁을 일으켰어. 소를 신성하게 여기는 힌두교도와 돼지고기를 금하는 교리를 가진 무슬림이 대부분이던 세포이들은 자신들의 종교가 모욕을 당했다고 느껴 너무 화가 났던 거야. 인도 북부에서 시작된 항쟁은 금세 전국으로 확산하였고 2년 동안 지속되었어. 항쟁은 영국군에게 진압되었지만, 영국은 동인도 회사를 통한 인도 지배는 불가능하다는 것을 알게 되었지. 그래서 총독부를 세워 인도를 직접 통치하기 시작했단다. 델리를 중심으로 목숨을 이어 가던 무굴 제국은 사라지고, 영국령 인도 제국이 세워지게 되었지. 그렇지만 세포이 항쟁 은 인도 최초의 대규모 민족 운동으로서 민족의식을 일깨웠다는 점에서 큰 의미가 있어.

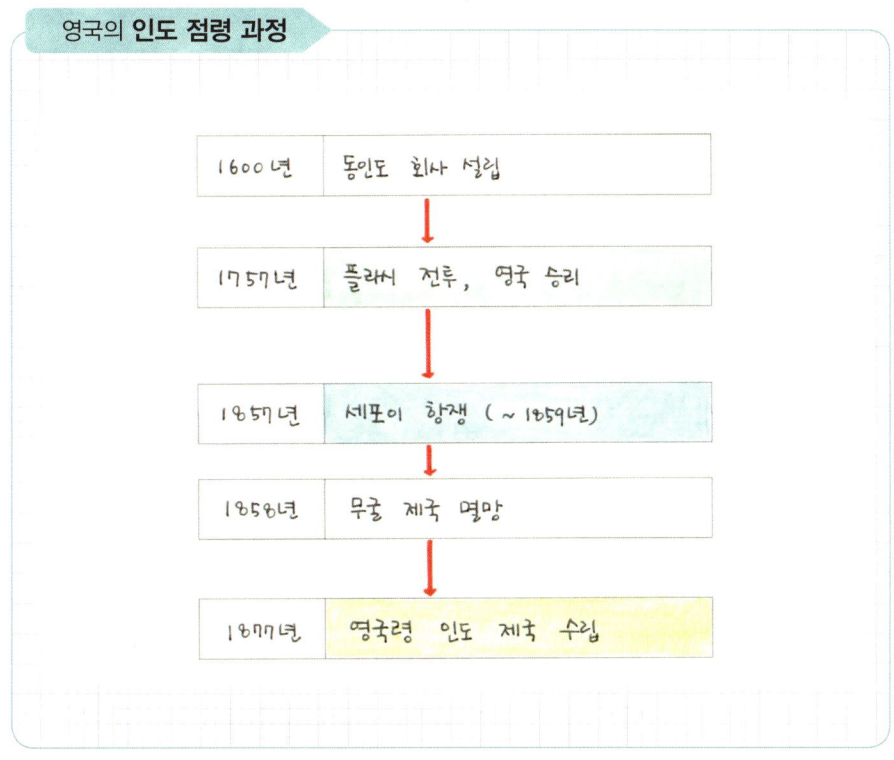

세포이 항쟁으로 생겨난 민족의식 덕분에 서양처럼 근대화를 이루어야 한다고 생각하는 사람들이 점점 늘어났어. 오랫동안 인도 사회를 지배해 오던 잘못된 관습을 없애야 한다고 말이야. 이때 항쟁 후 회유책을 쓰고 있던 영국의 주도로 전국 규모의 인도국민회의 가 탄생했어. 영국에 좋은 감정을 가진 인도의 지식인을 중심으로 의회를 만들어서 영국에 대한 나쁜 감정을 누그러뜨리려는 의도였지. 인도 국민회의는 영국 지배를 인정하고 협조하면서도, 인도인의 권리와 이익을 확보하려고 노력했어.

인도의 근대 민족 운동

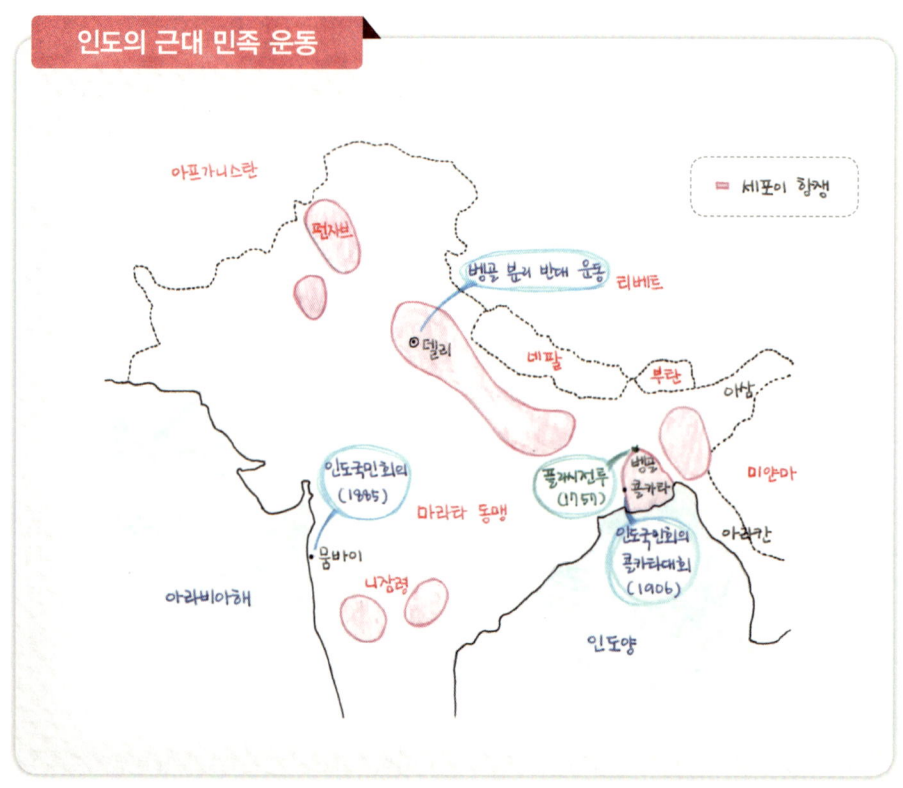

1905년 영국은 벵골 분할령을 발표하여 벵골 지방을 무슬림이 사는 동쪽과 힌두교도가 사는 서쪽으로 나누려고 했어. 독립운동의 중심지인 벵골 지역을 둘로 나누어 반영 운동을 약화하겠다는 속셈이었지. 그러나 벵골 분할령은 예상과는 달리 인도국민회의를 비롯한 인도 국민 전체의 거센 반발을 불러오는 계기가 되었단다. 이제 인도국민회의는 반영 민족 운동의 중심이 되었어. 인도국민회의는 1906년에 열린 콜카타 대회에서 영국 상품 불매, 국산품 애용(스와데시), 인도인의 자치(스와라지), 민족 교육 실시 등을 결의하였어. 인도인의 강력한 반발에 부딪힌 영국은 1911년 벵골 분할령을 취소하고 명

목상 인도인의 자치를 인정했어. 그러나 벵골 분할령은 2차 세계 대전 후 동벵골이 방글라데시로 분리되게 만드는 역할을 하였단다.

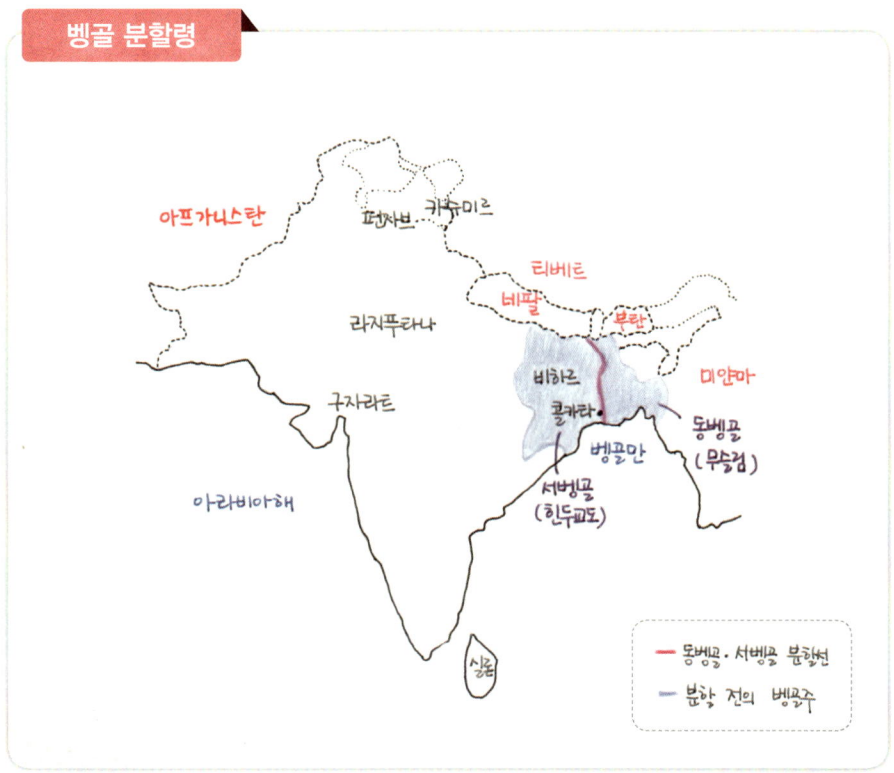

유럽 사람들은 향신료뿐 아니라 설탕도 좋아했어. 설탕은 단맛을 내는 향신료이자 약으로 사용되었거든. 신항로 개척 후 인도와 동남아시아에 직접 갈 수 있게 된 서양의 여러 나라는 앞다투어 이 지역으로 몰려왔어. 처음에는 무역을 편하게 할 수 있는 거점 도시를 세우기만 했지. 지역 전체를 지배하는 경우는 드물었고. 그런데 19세기에

들어 제국주의 국가들 사이에 식민지 경쟁이 확대되자 대부분의 동남아시아 지역에는 유럽 여러 나라의 식민지가 세워지고 말았어.

타이 는 동남아시아에서 유일하게 독립을 유지한 나라야. 왕위에 오르기 전 27년간 승려 생활을 했던 라마 4세 는 유럽의 선교사들에게 영어와 학문을 배웠어. 이때의 경험으로 왕이 된 후에는 서양 문물을 적극적으로 받아들였지. 불평등한 통상 조약을 맺더라도 일본처럼 독립을 유지할 수 있는 방법을 택한 거야.

타이의 라마 4세

타이에서 가장 존경받는 왕인 라마 4세의 이야기는 〈왕과 나〉라는 영화로 만들어졌어.

라마 4세 치세 때 최초로 제국주의의 압력이 타이에 밀려왔어. 그는 서양의 개혁을 수용하여 타이의 근대화를 시작했지.

뒤를 이은 라마 5세 역시 선왕의 정책을 잘 이어 나갔어. 인도에서 동으로 움직이던 영국과 베트남에서 서로 이동하던 프랑스가 타이를 완충 지대로 남겨 두기로 합의하도록 두 세력의 균형을 잘 이용했지. 영토 일부를 영국과 프랑스에 넘겨주기는 했지만 독립을 보장받았으니까. 또한 노예를 해방하고, 유학생을 파견하며, 철도와 전신을 설치하는 등 근대적 개혁을 이끌었어.

이후 타이는 제1차 세계 대전 때 연합국으로 전쟁에 참여하여 불평등하게 맺었던 조약을 개정하였고, 청년 장교들의 쿠데타로 입헌 군주제 국가가 되었단다.

유럽 사람들은 동남아시아 사람들의 값싼 노동력을 이용해 대규모 농장을 지었어. 쌀 대신 더운 지방에서만 재배할 수 있는 고무, 사탕수수, 커피 등을 재배하고 수출하여 막대한 경제적 이익을 얻었어. 농장주인 유럽 사람들과 유통을 담당하던 화교들만 부자가 되었지. 반면 식량인 쌀을 재배할 땅이 줄어들어 자급자족으로 살아온 식민지 사람들의 생활은 힘들어졌어. 노동자가 된 원주민은 식량을 사 먹어야만 했단다. 결국 유럽인의 부당한 수탈과 차별에 대항하여 식민 지배를 벗어나 근대 국가를 세우려는 민족 운동이 이루어졌어.

판보이쩌우

판보이쩌우가 유학을 보낸 학생들은 프랑스 식민지 청산과 민족 독립운동의 주역이 되었단다.

베트남에서는 1885년 유학자들을 중심으로 베트남과 왕정을 회복시키자자는 운동이 일어났어. 이 간뿌옹(근왕) 운동을 주도한 판보이쩌우 는 베트남 광복회를 조직해 독립운동을 했고, 베트남의 청년을 일본에 유학시켜 인재를 양성하자는 동유 운동을 추진하였어. 그러나 일본의 비협조와 프랑스의 탄압으로 실패했어. 그렇지만 그는 중국으로 건너가 쑨원의 도움을 받으며 베트남 독립 운동을 계속했단다.

필리핀의 호세 리살 은 에스파냐 유학 시절에 에스파냐가 필리핀을 얼마나 가혹하게 통치하고 있는지를 폭로하기 위해 《나에게 손대지 마라》라는 소설을 썼어. 위험을 무릅쓰고 필리핀으로 돌아온 그는 학교를 세워 계몽 운동을 했고, 필리핀 동맹을 만들어 사회 개혁 운동에 참여하였어. 에스파냐는 그에게 필리핀 비밀 결사 단체의 폭동과 관련되어 있다는 누명을 씌워 처형해 버렸어.

호세 리살

호세 리살은 필리핀 독립의 아버지로 존경받고 있어.

호세 리살은 1896년 필리핀 혁명의 배후 조종자로 지목되어 바굼 바얀(오늘날의 리살 공원 부지)에서 공개 총살형을 당했어. 그의 죽음으로 필리핀 사람들은 독립 의지를 불사르게 되었지.

1896년 필리핀의 독립운동가 에밀리오 아기날도 는 무장 혁명군을 이끌고 에스파냐와 전쟁을 벌였어. 1898년 미국과 에스파냐 사이에 전쟁이 일어나자, 아기날도는 독립을 약속한 미국을 지원했어. 당연히 독립될 것이라 여겼기에 필리핀 공화국 수립도 선포했지(1899년). 그러나 전쟁에서 이긴 미국은 약속을 어기고 필리핀을 식민지로 삼았어.

인도네시아에서는 네덜란드의 식민 지배에 시달리던 농민들이 봉기를 일으킨 것을 시작으로 지식인들의 민족 운동이 일어났어. 지식인들과 무슬림들을 중심으로 1912년에는 이슬람 동맹 이 결성되었어. 민족 운동 단체인 이슬람 동맹은 인도네시아의 독립과 근대화 운동을 주도했지. 서양의 자본과 그리스도교를 반대하고 무슬람 상인들을 지원했으며 화교 상인들을 견제했단다.

카르티니 는 부유한 집안에서 태어나 유럽식 교육을 받았는데, 네덜란드의 지배에서 벗어나려면 교육, 특히 어머니가 될 여성의 교육이 무엇보다 필요하다고 강조했어. 그녀는 1902년 학교를 세워 네덜란드의 차별과 여성에 대한 억압에 맞서기 위한 여성 교육에 전념했지. 25세의 젊은 나이에 죽은 그녀의 편지글을 모은 《암흑에서 빛으로》가 출판되어 그녀의 뜻이 널리 알려지게 되었어. 이후 카르티니의 이름을 딴 학교들이 곳곳에 세워져 인도네시아 민족 운동을 이어 갔어. 독립운동에도 영향을 미쳤고. 인도네시아에서는 그녀의 생일을 '카르티니의 날'로 지정해 기억하고 있단다.

카르티니

카르티니는 '인도네시아의 국모'로 지금도 사랑받고 있어!

5. 서아시아와 아프리카의 탄식

활발한 정복 활동으로 동유럽 대부분의 지역을 차지할 정도로 번영을 누리던 오스만 제국은 18세기에 들어서면서 흔들리기 시작했어. 중앙 정부의 힘은 약해졌고, 유럽 여러 나라의 침략은 끝이 없었지. 오스만 제국이 독일, 러시아, 영국, 프랑스의 등쌀에 정신을 못 차리고 있는 틈을 타, 제국의 지배를 받던 여러 민족은 독립하고자 했어. 발칸반도에서는 그리스가 독립운동을 하였고, 이집트와 아랍 세계에서는 민족 운동이 일어났어. 오스만 제국은 위기에서 벗어나기 위해 유럽 열강과 협정을 맺기도 하고 신식 군대와 서양의 정치 제도를 도입하기도 했지만, 주변 나라들의 압력으로 번번이 실패했어. 오스만 제국이 예전처럼 커지는 것을 어느 나라가 좋아하겠어? 특히 발칸반도를 욕심내고 있던 러시아의 방해가 심했지.

나라의 모든 면을 바꿔야 살아남을 수 있다고 느낀 오스만 제국은 지배층이 중심이 되어 개혁을 시도했어. '은혜를 베푸는 개혁'이라는 의미의 탄지마트 를 시행한 거야. 이 개혁으로 헌법과 의회가 만들어지고 서양식 교육 제도를 시행하였어. 늘 그랬듯이 개혁에는 많은 돈이 필요해. 조세 제도를 바꾸어 이를 해결하려 했지만, 개혁을 반대하는 사람들과 강대국의 방해로 뜻을 이루지 못했어. 러시아와의 싸움에서 진 대가로 영토의 일부를 러시아에 내줬고, 세르비아를 비롯한 일부 민족은 독립해 버렸어. 게다가 러시아에 땅을 준 것 때문에 불만을 품고 있던 영국과 오스트리아에 러시아에 준 것보다 더 많은 땅을 떼어 주어야만 했어. 전쟁을 피하려면 어쩔 수가 없었거든.

오스만 제국의 압뒬메지트 1세

술탄 압뒬메지트 1세는 1839년 11월 3일에 탄지마트 개혁을 선포했어. 그는 유럽을 모방하여 행정, 토지, 징병, 사법, 교육 제도를 근대화하려고 노력했고, 부패한 관리를 없애는 데 힘을 기울였어.

결국 탄지마트는 좌절되었고, 예전처럼 술탄에게 모든 권력이 집중된 정치가 부활하면서 헌법과 의회는 정지되었어. 그러자 청년 장교단, 학생, 젊은 지식인들이 중심이 되어 청년 투르크당을 결성하고 술탄에게 개혁을 요구하였어. 헌법이 부활하고 교육과 세금 등 여러 제도를 개혁하였으나 오스만 제국의 해체를 막지는 못했지. 조여 오는 유럽 열강의 힘과 제국에서 벗어나려는 피지배 민족의 의지를 감당하기에는 나라가 너무 힘이 없었거든.

카자르 왕조 는 18세기 말에 페르시아 지역을 재통일하여 번영을 누리고 있었어. 그러나 이곳 역시 유럽 열강의 침략에서 벗어날 수 없었지. 특히 영국과 러시아의 간섭은 날이 갈수록 심해졌어.

러시아는 카자르 왕조를 군사적으로 힘들게 했어. 카스피해 서쪽 해안에 위치한 카프카스 지역을 수시로 공격하더니 조지아를 포함한 카프카스 지역의 절반을 가져갔지.

한편 영국은 카자르 왕조를 경제적으로 괴롭혔어. 1888년 은행 설치권을 획득해 페르시아 제국 은행을 설립한 후 조금씩 간섭을 더해 갔지. 1890년 카자르 왕조의 국왕이 탈보트라는 영국 상인에게 담배 제조와 판매의 독점권을 헐값에 넘겨준 일이 생겼어. 아무리 근대화를 위한 비용을 마련하기 위해서라고 해도 페르시아 사람들이 화가 나는 건 당연한 일이었지. 알 아프카니를 중심으로 똘똘 뭉친 페르시아 사람들은 담배 불매 운동 을 벌어 영국에 준 담배 전매권을 되찾아 왔어. 물론 영국은 그 대가로 두둑한 배상금을 챙겼지만.

이후 반영 운동 세력을 중심으로 전제 정치에 반대하는 입헌 혁명 이 일어났어. 1906년에는 헌법이 제정되고 의회가 설립되었지. 그러나 이를 원하지 않는 세력과 이 지역의 석유를 탐낸 영국과 러시아의 간섭으로 페르시아는 반식민지 상태가 되고 말았단다.

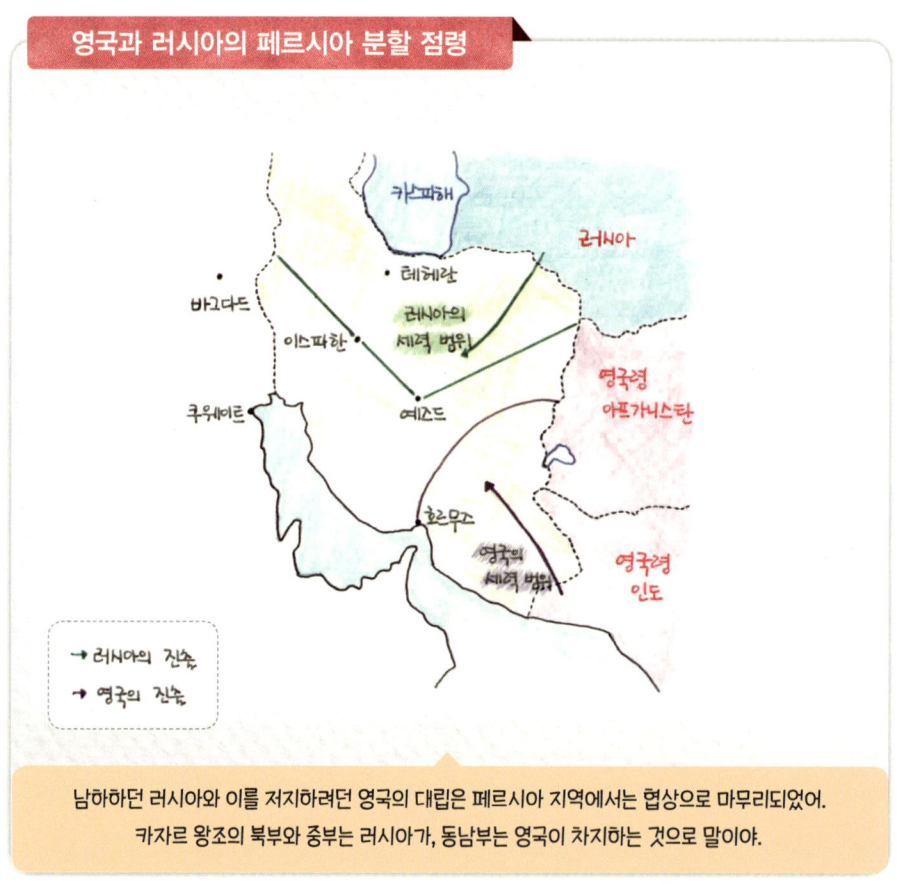

남하하던 러시아와 이를 저지하려던 영국의 대립은 페르시아 지역에서는 협상으로 마무리되었어. 카자르 왕조의 북부와 중부는 러시아가, 동남부는 영국이 차지하는 것으로 말이야.

16세기부터 오스만 제국의 지배를 받았던 아라비아반도에서는 18세기 중엽 와하브 운동 이 시작되었어. 와하브 운동은 '쿠란으로 돌아가자'라는 구호 아래 이슬람의 본래 가르침에서 벗어나는 것을 비판하고 근본에 충실할 것을 강조했어. 이슬람 초기의 순수함을 되찾자는 주장은 아라비아 지역을 지배하고 싶어 하던 사우드 가문의 관심과 오스만 제국의 지배로 고통받고 있던 아라비아 사람들의 지지를 끌어냈어. 이 운동을 발판 삼아 사우드 가문은 중앙 아라비아 전역으로 세력을 확장했으나, 오스만 제국은 이집트를 시켜 이를 와해하였지. 20세기 초 사우드 가문의 이븐 사우드 가 와하브 운동을 계승한 왕국을 다시 세웠는데, 쇠약한 오스만 제국은 독립 선언을 지켜볼 수밖에 없었단다. 이 왕국이 바로 오늘날의 사우디아라비아야.

와하브 운동의 세력권

이번에는 아프리카로 가 볼까? 먼저 이집트 . 이집트 또한 16세기부터 오스만 제국에서 파견된 총독의 지배를 받고 있었어.

18세기 말 나폴레옹의 침략을 받으면서 근대화의 필요성을 깨닫게 되었고, 19세기 초 이를 실행한 사람이 등장했어. 관리들의 부패로 인한 봉기를 제압한 무하마드 알리 는 새로운 이집트를 건설하기 위해 과감한 개혁을 펼쳤어. 학교를 세우고, 공장과 철도를 만드는 등 서양의 기술을 적극적으로 받아들였지. 프랑스에서 군인을 데려와 이집트 군인들을 서양식으로 훈련했어. 군대가 강해지자 남쪽에 자리 잡고 있던 수단을 차지해 버렸단다.

이집트는 국가 재정을 늘리기 위해 1859년 수에즈 운하 건설을 시작했어. 운하는 프랑스의 주도로 10년에 걸쳐 완성되었는데, 그 과정에서 많은 사람이 죽고 엄청난 건설비가 들었어. 이집트는 비용을 해결하기 위해 수에즈 운하 주식을 영국에 팔았고, 영국은 운하 관리권을 획득했지. 이후 이집트는 영국과 프랑스 모두의 간섭에 시달리게 되었단다. 19세기 말 아라비 파샤 를 중심으로 '이집트인을 위한 이집트 건설'을 외치며 외세 배격 운동이 일어났지만, 영국의 진압으로 실패했어.

아라비 파샤

이집트 독립의 아버지라고 불린대.

제국주의 7개 나라가 아프리카를 누더기로 만들어 놓았던 것, 기억나지? 20세기 초 에티오피아와 라이베리아를 제외한 아프리카의 모든 나라는 식민지였어. 에티오피아는 메넬리크 2세가 강력한 군대를 육성하고 철도를 놓는 등 근대화 정책을 실시한 덕분에 이탈리아와의 전투에서 승리할 수 있었어. 유럽에서 들여온 신무기로 무장하고 훈련 또한 잘되어 있던 에티오피아를 이탈리아가 얕잡아 본 것도 한몫했지. 1896년의 아도와 전투 에서 승리한 에티오피아는 아프리카 대륙에서 유일하게 스스로 독립을 지켰단다.

아도와 전투

19세기 중반 남아프리카에서 엄청난 규모의 다이아몬드 광산이 발견되었어. 역시나 영국이 가장 빨리 움직였지. 영국은 네덜란드가 장악하고 있던 케이프타운을 차지하기 위해 그곳에 영국 연방을 세우고 줄루 왕국으로 쳐들어갔어. 처음에는 줄루의 병사들이 뛰어난 전술로 영국을 물리쳤으나, 막강한 신무기 앞에서는 무릎을 꿇을 수밖에 없었지. 줄루 왕국도 영국의 식민지가 되었고, 19세기 후반 케이프타운마저 영국에 넘어가 남아프리카 연방 이 만들어졌어.

한편 알제리 사람들은 30여 년에 걸쳐 프랑스에 저항하였어. 영국과 이집트의 이중 지배를 받고 있던 수단에서는 외국인을 몰아내고 모

아프리카의 저항과 근대화 운동

남아프리카	다이아몬드 광산 발견, 영국 연방 결성 → 줄루 왕국 선전 포고 → 줄루 왕국의 저항 → 영국의 남아프리카 영토 점령
알제리	프랑스에 30년간 저항
수단	영국, 이집트에 맞서 마흐디 운동 전개
나미비아	독일에 맞서 헤레로인 봉기 ('독일의 식민지 탄압민'이야!)
에티오피아	메넬리크 2세의 서양식 근대화 정책 → 1896년 아도와 전투에서 승리, 독립 유지

든 사람이 평등한 새로운 이슬람 세계를 만들자는 마흐디 운동 이 일어났어(1881년). 독일의 지배를 받고 있던 나미비아와 탄자니아 지역에서도 저항 운동이 일어났고, 독일의 강제 점령과 이주로 살던 땅에서 쫓겨났고 목화 재배를 강요받은 데다가 차별과 폭행이 수없이 행해져 봉기를 일으켰지만, 전부 진압되고 말았단다.

여기서 잠깐! 라이베리아 에 대해 살펴보자. 남북 전쟁 이후 미국에서 노예 제도가 폐지된 뒤에 해방된 흑인 노예가 일할 자리는 생각보다 넉넉하지 않았어. 미국은 일자리를 찾지 못한 흑인 노예들을 서아프리카에 정착시켰어. 라이베리아를 만든 것이지. 라이베리아의 거의 모든 제도는 미국의 제도를 본떠 만들었어. 문제는 백인들이 한 나쁜 짓까지도 그대로 따라 했다는 데 있어. 아프리카의 전통을 무시하고, 원주민을 무력으로 쫓아냈을 뿐 아니라 원주민들을 노예 부리듯 했지. 지금도 이 나라의 헌법에는 원주민과 미국에서 온 이민자를 차별하는 조항이 있대. 못된 짓은 먼저 배운다고, 어떻게 그럴 수 있었을까? 남이 가진 것은 나도 가져야, 아니 더 좋은 것을 더 많이 가져야 하는 게 인간의 욕심인가 봐.

이렇듯 19세기 말 제국주의는 전 세계를 고통의 구렁텅이로 빠뜨렸어. 힘없는 국가의 사람들을 점점 더 깊은 나락으로 떨어뜨리고 있었지.

두 번의 세계 대전으로 달라진 세계

4장

14 제1차 세계 대전과 변화

15 제2차 세계 대전과 변화

16 냉전 체제와 제3세계

17 오늘날의 세계

14 제1차 세계 대전과 변화

1. 유럽을 휩쓴 재앙

제국주의 국가들이 치열한 경쟁을 벌이다 보니 전 세계에서 식민지로 만들 수 있는 땅이 거의 바닥나 버렸어. 이때 멈췄어야 했는데, 서로 다른 나라의 식민지를 넘보기 시작하면서 전쟁의 기운이 싹트게 되었단다.

통일 독일의 비스마르크는 프랑스를 고립시키기 위해 오스트리아, 이탈리아와 삼국 동맹 을 맺었어. 그러나 빌헬름 2세는 프랑스에 유화적인 비스마르크가 마음에 들지 않았어. 그는 독일을 중심으로 게르만 민족을 통합하려는 범게르만주의의 깃발을 들었고 발칸반도를 거쳐 서남아시아에 진출하고 싶었거든. 한편 뒤늦게 식민지 경쟁에 뛰어든 독일이 유럽의 다른 나라에는 위협이 되었기에 프랑스, 러시아, 영국은 삼국 협상 을 체결하여 대비했단다.

제1차 세계 대전은 발칸반도에서 일어났어. 발칸반도 는 유럽과 아시아를 잇는 지역으로 여러 종교와 민족이 얽혀 있어 예로부터 전쟁이 잦았던 곳이었지. 그래서 유럽의 화약고라고 불렸어. 이곳을 지배하고 있던 오스만 제국으로부터 1878년에 독립한 세르비아는 슬라

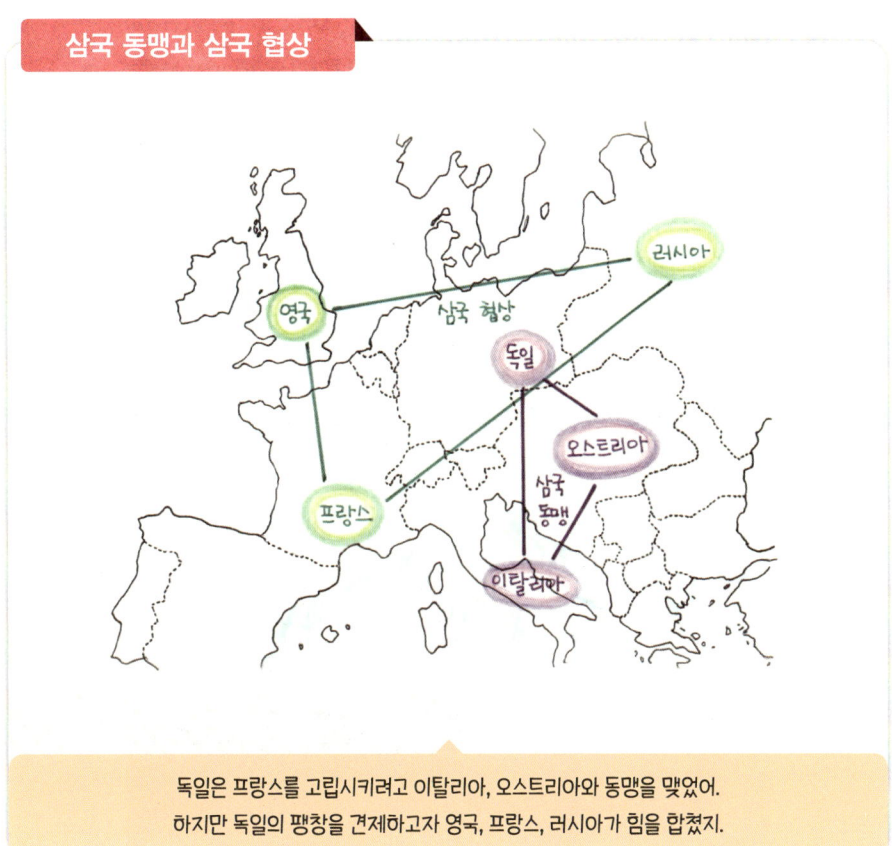

삼국 동맹과 삼국 협상

독일은 프랑스를 고립시키려고 이탈리아, 오스트리아와 동맹을 맺었어.
하지만 독일의 팽창을 견제하고자 영국, 프랑스, 러시아가 힘을 합쳤지.

브족의 국가로서 주변 지역을 하나로 합치려는 꿈을 품고 있었어. 하지만 1908년 오스트리아가 세르비아 주변 지역인 보스니아와 헤르체고비나를 차지해 버리는 바람에, 발칸반도에 흩어져 있던 슬라브족을 모아 하나의 나라를 건설하려던 바람은 물거품이 되었지. 이에 화가 난 한 세르비아 청년이 보스니아의 수도인 사라예보를 방문한 오스트리아 황태자 부부를 암살했어. 이것이 1914년에 일어난 사라예보 사건 이야.

사라예보 사건을 묘사한 삽화

1914년 7월 12일에 발행된 이탈리아의 신문
《라 도메니카 델 코리에레(La Domenica del Corriere)》에 실린 삽화야.

한 달 뒤 오스트리아는 사라예보 사건을 빌미로 세르비아에 선전포고했단다. 전쟁이 시작되자 유럽의 모든 나라는 자기 나라의 이익을 위해 어떤 선택을 해야 할지 고민에 빠졌어. 러시아 는 가장 먼저 세르비아를 돕겠다고 나섰지. 같은 슬라브족인 데다 국내의 복잡하고 어려운 사정에 대한 국민의 관심을 다른 곳으로 돌려야만 했거든. 독일 은 오스트리아와 발칸반도에서 게르만족을 하나로 묶으려 했기에 당연히 오스트리아 편을 들었고.

전쟁은 민족 간의 싸움으로, 그리고 오스트리아의 동맹국들과 러시아의 협상국들 간의 싸움으로 번졌어. 독일이 프랑스 와 러시아에 선전포고하고 벨기에를 침략하자, 영국 도 전쟁에 뛰어들었어. 이 중 가장 치열하게 싸운 나라들은 독일과 프랑스, 러시아야. 프랑스와 러시아를 이기고 세계 초강대국이 되려던 욕심을 품은 독일의 공격에 프랑스와 러시아가 끈질기게 저항했거든.

참호 안에서 독일군의 공격을 기다리는 러시아군

당시 전쟁에 사용된 무기들은 공격보다는 방어에 유리했어. 그래서 주로 땅에 방어용 구덩이를 파고 그 안에서 적과 싸우는 참호전 을 벌여 전쟁이 길어졌지.

전쟁에 참여하는 나라도 계속 늘어났어. 아시아의 일본과 삼국 동맹을 맺었던 이탈리아는 협상국에, 러시아의 남하를 두고 볼 수만은 없었던 오스만 제국과 불가리아는 동맹국에 가담했어. 오스만 제국의 지배에서 벗어나고 싶어 했던 아라비아반도의 여러 나라들과 독립시켜 준다는 약속을 믿었던 인도와 캐나

다는 영국을 도왔고, 일본은 독일령이었던 태평양의 섬들과 중국의 기지를 점령하고 중국으로부터 21개조의 이권까지도 빼앗았어.

전쟁이 끝없이 계속되자, 영국이 작전을 바꿨어. 강력한 해군을 이용해 바닷길을 막아서 독일로 들어가는 물자를 차단하기 시작한 거야. 필요한 물자를 제때 주고받을 수 없게 된 독일이 가만히 있었겠니? 독일은 영국으로 향하는 배는 중립국의 배라도 무조건 침몰시킨다는 무

런던 타워 브리지 근처의 독일 잠수함 U-155

무제한 잠수함 작전을 'U보트 작전'이라고도 해!

1차 세계 대전 말 독일의 해군 잠수함 U-155는 휴전을 조건으로 영국군에 항복했어. 항복 후 런던 템스강에 전시되었다가, 1921년 판매되어 고철로 처리되었대.

서운 작전을 선언했단다. 무제한 잠수함 작전 의 시작 이후 1915년 독일은 영국의 여객선인 루시타니아호를 침몰시켰어. 이 배에 타고 있던 100명이 넘는 미국인들이 목숨을 잃자, 미국은 독일에 항의했어. 그렇다고 독일이 작전을 멈춘 건 아니었지. 오히려 미국의 상선을 3척이나 침몰시켰어.

1917년 4월 미국 은 중립을 포기하고 협상국의 일원으로 전쟁에 참전했어. 미국은 수많은 군사와 엄청난 양의 군수 물자를 전쟁터로 보냈어. 힘을 얻은 협상국 연합군은 프랑스에서 독일군을 밀어붙였어. 러시아는 1917년 10월에 일어난 사회주의 혁명으로 전쟁에서 빠졌고, 전쟁에서 더는 힘을 발휘할 수 없었던 오스트리아는 항복을 선언했어. 그러자 독일도 버티지 못하고 두 손을 들었단다. 이렇게 1918년 11월 11일 제1차 세계 대전이 끝났어.

많은 사람이 다치거나 죽는 참상을 겪으며 유럽 사람들은 무엇을 느꼈을까? 전쟁은 정말 일어나서는 안 되는 것이라는 걸 알게 되었을까?

제1차 세계 대전의 전개

1914. 6. 28.	사라예보 사건
1914. 7. 28.	오스트리아 - 헝가리 제국, 세르비아에 선전 포고
1914. 8.	독일, 벨기에 침공
1915. 5. 7.	독일, 잠수함 U보트로 미국 선박 공격 → 침몰
1916. 7. 1.	솜 전투에서 수많은 영국군 전사
1917. 4. 6.	미국의 참전
1918. 3. 3.	러시아, 독일과 정전 협정 체결
1918. 11. 11.	프랑스에서 휴전 협정 체결 → 전쟁 종결

➤ 1916년 7월 1일부터 11월 18일까지 계속된 전투의 첫날 58,000여 명에 달하는 영국군 사상자가 발생했어. 이 중 1/3이 사망자였대.

2. 전후 달라진 세계 질서

이제까지 이렇게 많은 국가가 참여하고 많은 사람이 죽은 전쟁은 없었기에, 제1차 세계 대전은 사람들에게 잊을 수 없는 아픔을 안겨 주었어. 그렇다고 마냥 슬퍼할 수만은 없으니 어떻게 일어설 것인지 궁리하기로 했단다. 그래서 1919년 프랑스 베르사유에서 승전국의 대표자들이 만났어.

이 파리 강화 회의 에서 가장 입김이 센 나라는 미국, 영국, 프랑스였지. 미국의 윌슨 대통령은 전후 문제 처리를 위한 14개 원칙을 제시했는데, 이 중 가장 중요한 것은 두 가지야. 첫째는 나라마다 군대와 무기를 줄이고, 전쟁을 예방할 국제 연맹 을 만들어 회원국으로 가입하기, 둘째는 자기 민족의 문제는 각 민족 스스로 결정하자는 민족 자결주의 로 각 민족의 독립을 보장하자고 주장했어.

1919년 파리 강화 회의의 각국 정상

제일 왼쪽이 데이비드 로이드 조지 영국 총리이고, 그다음이 비토리오 오를란도 이탈리아 총리야. 세 번째는 조르주 클레망소 프랑스 총리이고, 가장 오른쪽이 미국의 윌슨 대통령이란다.

14 _ 제1차 세계 대전과 변화

그러나 회의에서 결정된 내용은 대부분 패전국에 대한 철저한 보복 이었어. 승전국의 식민지는 제외하고 패전국의 식민지만을 독립시켰지. 전쟁에 책임이 큰 독일은 식민지를 모두 빼앗겼을 뿐만 아니라 본토 일부도 잃었어. 또한 엄청난 전쟁 배상금을 물어야만 했어. 반면 가장 이익을 본 나라는 미국이야. 군수 물자를 팔아 큰돈을 벌었거든. 게다가 전후 처리 과정에서 중요한 역할을 하면서 국제 사회에서의 영향력이 커졌지. 일본도 국제적 위상이 높아졌어. 파리 강화 회의로 탄생한 유럽의 새로운 질서를 베르사유 체제 라고 해. 이

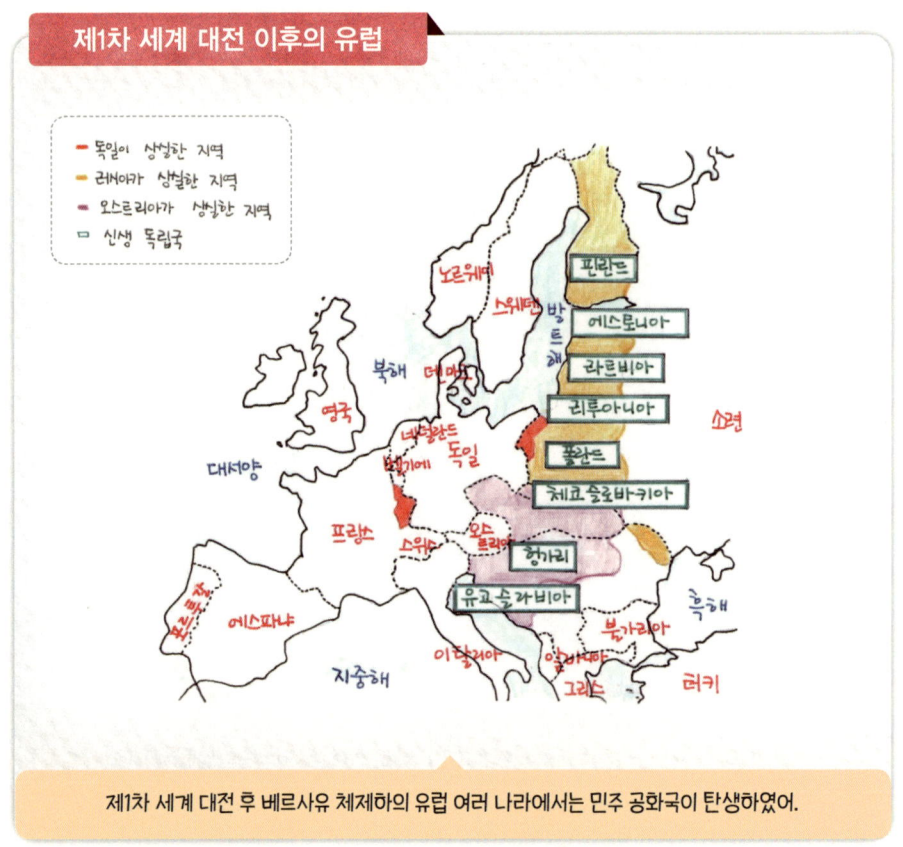

제1차 세계 대전 이후의 유럽

제1차 세계 대전 후 베르사유 체제하의 유럽 여러 나라에서는 민주 공화국이 탄생하였어.

체제는 국제 협조와 평화 수립이 목표였지만, 패전국 특히 독일에 대한 가혹한 조치 때문에 출발부터 삐걱댔단다.

전쟁의 참혹함을 경험한 사람들에게 평화는 너무도 소중했어. 평화를 지키기 위해 미국 윌슨 대통령의 제안에 따라 1920년 영세 중립국인 스위스에 국제 연맹 이 만들어졌지. 42개국이 참가한 국제

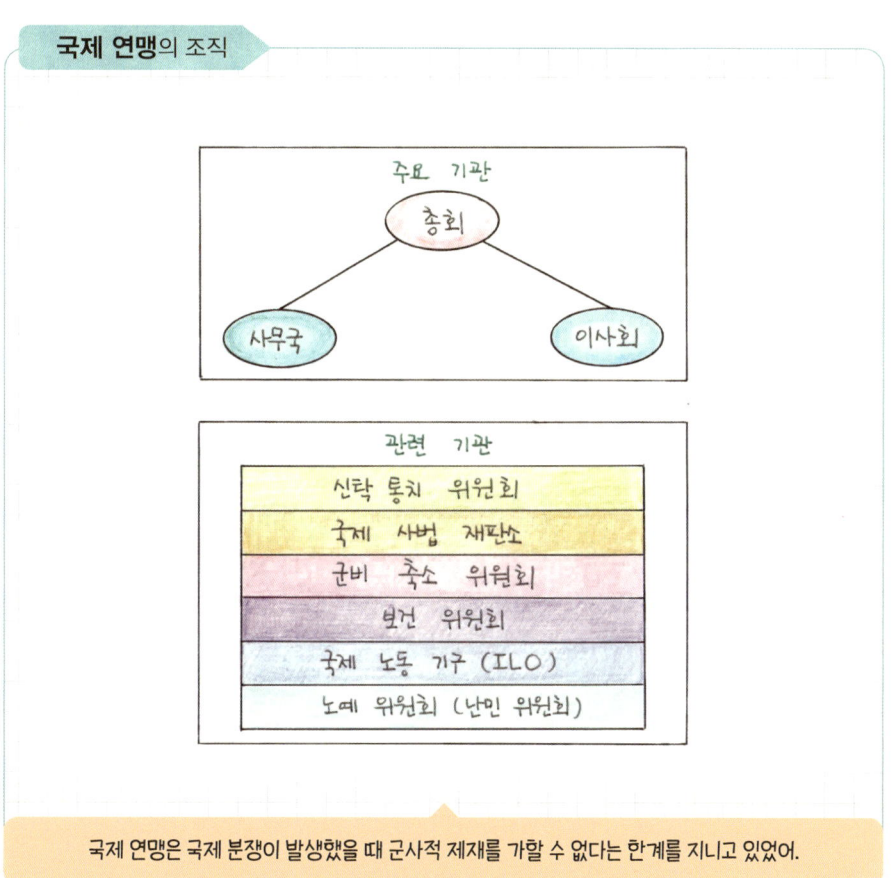

국제 연맹의 조직

국제 연맹은 국제 분쟁이 발생했을 때 군사적 제재를 가할 수 없다는 한계를 지니고 있었어.

연맹은 국가 간 문제를 평화적으로 해결하는 것을 목적으로 하는 최초의 대규모 국제기구였어. 군비를 줄이기 위한 회의를 열어 전쟁을 불법으로 규정하고, 분쟁은 무조건 평화적으로 해결한다는 합의를 이끌어 내는 등 평화를 위해 노력했어. 그렇지만 정작 미국은 이 기구에 가입하지 않았어. 또한 독일의 과도한 배상금을 해결하기 위해 노력했으나 제국주의 열강의 욕심으로 효과를 거두지는 못했어.

제1차 세계 대전 후에는 민주주의가 확대되었을 뿐만 아니라 민주주의 자체도 발전했어. 민주주의 는 국민이 국가의 주인으로서 국가 권력을 스스로 행사하는 정치 형태야. 전쟁이 끝날 즈음 독일에서는 혁명으로 바이마르 공화국 이 들어섰어. 1919년 8월에 〈바이마르 헌법〉이 제정되었는데, 당시의 헌법 가운데 가장 민주적이었어. 나라의 권력은 국민에게서 나온다는 원칙과 20세 이상의 남녀에게 동등한 선거권을 주는 내용을 담고 있었거든. 또 나랏일은 국민이 직접 선거를 통해 뽑은 대통령 중심으로 운영하는 대통령제를 선택했고. 지금의 헌법과 비교해도 손색이 없을 정도여서 20세기 세계 여러 나라의 헌법에 큰 영향을 주었단다.

미국, 영국, 프랑스 등에서도 국민의 정치적, 경제적 권리가 향상되었어. 재산에 따라 차별적으로 주어지던 선거권은 사라지고, 남성과 여성 모두에게 선거권을 줬지. 또한 정권이 바뀌거나 새로 독립한 나라들은 대부분 공화정 국가가 되어 민주적인 헌법을 만들었어.

킬에서 혁명을 일으킨 독일 시민들

제1차 세계 대전이 끝나갈 무렵인 1918년 11월 9일 킬(Kiel) 군항에서 수병들이 폭동을 일으켰어. 시민들까지 동참한 이 11월 혁명으로 황제 빌헬름 2세는 폐위되어 네덜란드로 망명했고, 독일은 11월 11일에 항복했지. 이후 독일 사회민주당에 의하여 1919년 8월 11일에 수립된 새로운 정부가 바이마르 공화국이야.

3. 공산주의 국가로 이끈 러시아 혁명

제1차 세계 대전이 한창이던 1917년, 러시아에서는 혁명이 일어났어. 당시 러시아는 국가가 주도하여 산업화를 이끈 바람에 공장에서 일하는 노동자의 수는 늘었지만, 사람들의 생활은 나아지지 않았어. 게다가 러일 전쟁이 시작되면서 군대에 동원되고 물가가 치솟아 사는 게 더 힘들어졌지. 전쟁에서 패한 뒤로 러시아의 경제 상태는 최악이 되었고, 견디다 못한 굶주린 노동자와 가족들 14만 명은 개혁을 요구하는 청원서를 가지고 궁전으로 향했어. 그들이 차르 니콜라이 2세에게 바란 것은 빵과 평화뿐이었어. 그러나 그들에게 돌아온 것은 군대의 총탄 세례였지. 거리는 순식간에 다치거나 죽은 사람들로 뒤덮였어. 이 사건을 피의 일요일 사건 이라 불러(1905년).

겨울 궁전 앞에서 일어난 비폭력 시위

경찰과 군인의 시위대 유혈 진압

피의 일요일 사건을 1917년 러시아 혁명으로 이끈 핵심 사건으로 보는 역사학자들도 있어!

이후 러시아 사람들이 곳곳에서 들고일어났어. 위기를 느낀 니콜라이 2세는 어쩔 수 없이 국민의 자유와 권리를 인정하고 두마(의회)를 설치하는 등의 개혁을 약속하며 사람들을 달랬어. 하지만 황제가 약속한 개혁은 말뿐이어서 국민의 생활은 조금도 나아지지 않았지.

그러던 중 1914년 제1차 세계 대전이 발발하자, 니콜라이 2세 는 사람들의 관심을 전쟁으로 돌리기 위해 아무런 준비 없이 참전했어. 대책도 없이 전쟁에 모든 것을 쏟아붓다 보니 결국 나라에서 먹을 것을 나누어 주는 지경까지 이르렀단다. 화가 난 노동자와 농민, 병사들은 소비에트를 만들고, "빵을 달라! 차르 타도! 전쟁 반대!"를 외치며 도시 곳곳을 누볐어. 소비에트 란 노동자, 농민, 병사로 구성된

니콜라이 2세가 실질적으로 러시아의 마지막 황제였어!

1909년 영국 명예 해군원수로 추대되고 영국 해군 정복을 입은 니콜라이 2세

니콜라이 2세의 아들인 알렉세이는 혈우병을 앓고 있어서, 니콜라이 2세는 동생인 미하일 알렉산드로비치에게 제위를 양위하기로 결정했어. 그러나 노동자와 농민들이 반대했지. 상황을 지켜보던 임시 정부는 미하일에게 제위를 버릴 것을 권고했고, 미하일은 이를 받아들였어. 이로써 304년 동안 지속되어 온 독일계 왕조인 '홀슈타인-로마노프 왕조'가 막을 내렸단다.

평의회 또는 대표자 회의를 뜻하는 러시아어야. 전국 각지에서 만들어진 소비에트는 혁명을 지도하는 기관 역할을 했어. 전쟁에 지친 병사들도 차르의 진압 명령을 거부하고 시위대를 도왔지. 결국 니콜라이 2세는 자리에서 물러나고, 러시아 공화국 임시 정부가 들어섰어. 이를 2월 혁명 이라고 해.

러시아 임시 정부는 사람들에게 자유를 주었고 여성도 남성과 동등하다고 인정했지. 그렇지만 토지 문제를 해결하지 않았고, 제1차 세계 대전 참전도 그만두지 않았어.
실망한 사람들 앞에 스위스 망명에서 돌아온 레닌 이 등장했지. 레

1917년 10월 모스크바의 거리에서 '공산주의'란 현수막을 내걸고 행진하고 있는 병사들

닌과 그를 따르는 사람들은 볼셰비키를 조직했어. 볼셰비키 는 '다수파'라는 뜻으로, 레닌을 지지한 급진파를 이르는 말이야. 볼셰비키는 멘셰비키 (소수파)와 대립하였으며, 후에 러시아 공산당으로 이름을 바꿔. 볼셰비키를 중심으로 무장한 농민, 노동자, 병사들이 상트페테르부르크로 몰려가 임시 정부를 몰아내고 권력을 잡았어. 1917년 10월 세계 최초로 노동자와 농민의 소비에트 정부를 내세운 공산주의 국가가 탄생한 거야. 이를 10월 혁명 이라고 해.

이후 레닌은 독일과 강화 조약을 맺어 제1차 세계 대전에서 손을 떼었어. 소비에트 정부는 개인의 토지 소유를 폐지하고 대지주의 토지를 농민에게 나누어 주었지. 주요 회사나 공장, 철도, 전기, 수도 등도 나라의 것으로 만들었어. 귀족과 지주, 자본가들은 거세게 저항하며 노동자, 농민, 병사들과 치열한 싸움을 했어. 공산주의 혁명이 확산될까 두려웠던 주변 나라들이 군대를 보냈지만 소비에트 정부는 전부 물리쳤단다.

레닌

유럽 망명 시절에 마르크스의 사회주의 이론을 접한 레닌은 이를 러시아의 현실에 맞추어 바꾸었어. 1917년에는 세계 최초의 공산주의 혁명을 일으켜 성공했지.

그렇지만 제1차 세계 대전과 내전으로 러시아의 산업 시설은 폐허가 된 데다 영국, 미국, 프랑스 등의 견제로 무역이 끊겨 경제 상황은 최악이었어. 레닌은 이를 해결하기 위해 신경제 정책을 실시했지. 작은 규모의 개인 기업은 허용하고, 유럽의 자본과 기술을 부분적으로 받아들였어. 이후 수도를 모스크바로 옮기고 러시아를 중심으로 15개 공화국을 모아 소비에트 사회주의 공화국 연방(소련)을 수립하였어. 또한 공산주의를 확산시키려고 코민테른을 만들었어. 코민테른은 공산주의자 및 단체가 참여한 국제적인 사회주의 운동 조직체로, 식민 지배를 받고 있던 약소국의 독립과 해방을 지원했지.

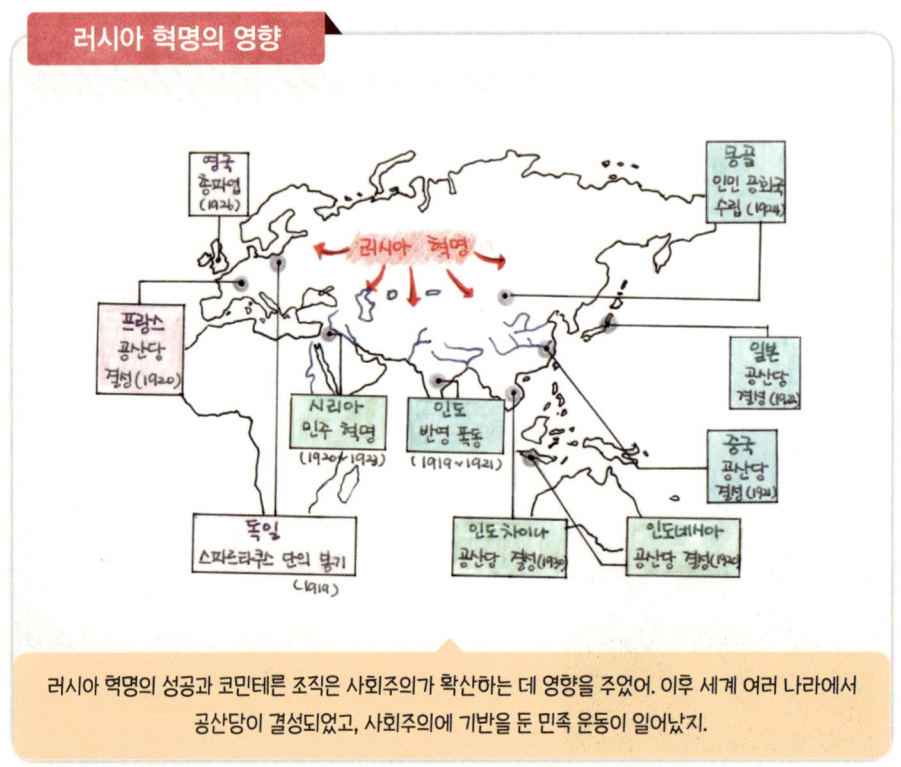

러시아 혁명의 영향

러시아 혁명의 성공과 코민테른 조직은 사회주의가 확산하는 데 영향을 주었어. 이후 세계 여러 나라에서 공산당이 결성되었고, 사회주의에 기반을 둔 민족 운동이 일어났지.

이로 인해 열강의 지배를 받고 있던 아시아 지역에 사회주의가 확산할 수 있었단다.

러시아라는 공산주의 국가가 세워짐에 따라 세계는 자본주의와 공산주의로 갈라져 대립하게 되었어. 지금은 이런 이념 대립이 거의 사라지고 북미 회담이 이뤄질 정도로 화해 무드가 확산되었지만, 20세기 내내 전 세계는 두 진영으로 나뉘어 냉랭했었어. 그렇기에 러시아 혁명은 현대사에서 중요한 사건 중 하나란다.

4. 아시아와 아프리카에 퍼진 반제국주의

제1차 세계 대전 이후 제국주의 열강의 지배를 받던 약소국들은 독립에 대한 희망을 품었어. 자기 민족의 운명은 민족 스스로 결정할 수 있다는 민족 자결주의 때문이었지. 그러나 이 원칙은 패전국의 식민지에만 적용되어서, 승전국의 식민지 사람들은 자신들의 독립이 정당하다는 것을 전 세계에 알리려 애를 썼단다. 대표적인 예가 우리나라의 3·1 운동으로 옆 나라 중국에 영향을 줬지.

신해혁명 이후 중국에서는 신문화 운동 이 벌어졌어. 신문화 운동은 유교 전통을 버리고 서양의 민주주의와 과학을 받아들이자는 계몽 운동이야. 중국 사람들, 특히 학생들에게 많은 영향을 끼쳐 5·4 운동의 정신적 근거가 되었어.

중국은 제1차 대전이 끝난 후 일본에 내준 21개조의 이권을 되찾고자 파리 강화 회의에 대표단을 파견했어. 그렇지만 파리 강화 회의는 승전국을 위한 회의여서 거부당했지. 이 소식이 전해지자 베이징의 대학생들이 주축이 되어 시위에 나섰어. 21개조를 인정하지 않고 산둥반도를 반환하라며 조선처럼 독립운동을 벌인 거야. 운동은 점차 일본 상품 불매 운동과 노동자 파업으로 확산하였고, 농민들이 참여하면서 중국 전역으로 퍼졌어. 이것이 5·4 운동 이야.

5·4 운동에 참여 중인 베이징대학 시위대

5·4 운동은 일본 제국주의에 저항하는 민족 운동이었어.

쑨원과 장제스

쑨원은 5·4 운동을 통해 보여 준 사람들의 열의에 감동하여 이들이 참여할 수 있도록 국민당을 조직하였어. 노동자의 힘으로 혁명을 이루고자 한 사람들이 모여 만든 공산당도 생겼고. 1924년 이 두 정당은 중국 전역에서 독자적인 정치 권력을 장악하고 있던 군벌과 제국주의를 몰아내기 위해 손을 잡았어. 이를 제1차 국공합작 이 시작되었지. 쑨원이 죽은 후, 뒤를 이은 장제스 가 군벌들을 무너뜨리고 통일을 달성했지만 공산당과의 갈등이 심해져 국공합작은 깨지고 말았단다.

인도 사람들은 제1차 세계 대전 때 영국을 도왔어. 인도의 자치를 보장한다는 영국의 약속을 믿었으니까. 그러나 전쟁이 끝나자 영국의 탄압은 더 심해졌어.

조선에서 일어난 3·1 운동에 자극을 받은 간디 는 1920년 인도국민회의에서 제안을 했어. 영국의 관리나 경찰이 어떠한 위협을 가해도 폭력을 쓰지 말고, 영국의 부당한 법률이나 명령에도 따르지 말자고 말이야. 이 비폭력·불복종 운동 은 종교에 상관없이 전국으로 퍼져 나갔어. 올바르고 성실한 마음과 태도를 보여 영국이 스스로 잘

못을 깨닫게 하려고 한 거야. 또한 간디는 영국이 소금 제조 금지법을 제정하고 소금에 무거운 세금을 부과하려는 것에 반대하여 직접 바닷물로 소금을 만들자는 소금 행진 을 했어.

간디

간디는 영국산 면제품을 거부하고 스스로 물레를 돌려 옷을 만들어 입자고도 했지.

또한 인도국민회의의 의장이 된 네루 는 인도의 완전한 독립과 영국에 대한 납세 거부를 주장했지. 결국 1935년 영국은 각 인도주의 자치권을 돌려주었고, 인도는 제2차 세계 대전이 끝난 후 완전히 독립했어.

베트남의 호찌민 은 프랑스 망명 중에 파리 강화 회의가 열린다는 소식을 들었어. 그는 베트남의 독립을 요구하는 청원서를 파리 강화 회의에 제출하였어. 그러나 그가 제출한 청원서는 거부당했어. 이후 호찌민은 사회주의에 관심을 가지기 시작해 1930년 베트남 공산당을 조직한 뒤 공산주의와 민족주의를 결합한 독립운동을 벌여 나갔지.

1946년경의 호찌민

호찌민은 '현대 베트남의 국부'로 평가되고 있어.

베트남 전쟁이 끝난 후, 남베트남의 수도였던 사이공은 그의 이름을 따 호찌민시로 개명되었어.

인도네시아에서는 수카르노 등이 국민당을 결성해 민족 운동을 했고, 필리핀에서는 미국에 대한 엄청난 저항 운동이 일어났단다.

수카르노

수카르노는 1927년 국민당을 결성하여 반네덜란드 운동을 벌였어. 그는 인도네시아 독립의 아버지로 추앙받았고, 인도네시아의 초대 대통령이 되었지.

오스만 제국은 제1차 대전에서 패한 후 많은 영토를 잃었어. 승전국들이 오스만 제국의 땅 대부분을 빼앗았지. 그 과정에서 오스만 제국에 불만을 품은 그리스가 독립전쟁을 벌였어. 무스타파 케말 을 중심으로 2년 넘게 치러낸 그리스와의 전쟁에서 승리한 뒤 오스만 제국 사람들은 군주제를 폐지하고 터키 공화국 을 세웠어. 무스타파 케말은 칼리프 제도를 폐지하여 정치와 종교를 분리하였고, 헌법을 근대적으로 만들어 여성에게도 선거권을 주었지. 아랍 문자 대신 로마자로 터키어를 표기하게 하는 등 근대적인 개혁을 추진했어.

대통령 재임 시절의 무스타파 케말

이스탄불의 아타튀르크 국제공항은 무스타파 케말 아타튀르크를 기리기 위해 그의 이름을 따서 부르고 있어.

무스타파 케말은 터키 공화국의 건국자이자 초대 대통령이었어. 재임 중인 1938년에 사망한 그의 칭호인 아타튀르크는 '터키의 아버지'라는 뜻이야.

한편 아라비아반도의 아랍 사람들도 독립을 조건으로 제1차 대전에서 영국과 프랑스를 도왔어. 그러나 이곳에서도 약속은 지켜지지 않아 각지에서 격렬한 독립운동이 벌어졌지. 결국 1932년에 이라크 와 사우디아라비아 등이 독립할 수 있었단다.

이집트 는 제1차 대전 중 영국의 지배를 받았어. 영국은 오스만 제국의 이집트 지배를 인정하지 않더니만 자기들이 이집트를 차지해 버렸단다. 전쟁 후 이집트 사람들은 대표자 회의를 결성하고 영국으로부터의 독립운동을 벌였어. 1922년에 독립하였지만 수에즈 운하의 관리권과 군대 주둔권은 영국이 쥐고 있었단다.

아프리카에서는 모로코 만이 에스파냐로부터 자치권을 얻었고 그렇지만 나이지리아와 남아프리카 공화국 등 중남부 아프리카에서 민족의식이 성장하고 있었기에 미래가 나쁘지만은 않았지.

제1차 세계 대전 이후에도 아시아와 아프리카에는 독립한 나라보다 식민 상태가 유지된 나라가 더 많았어. 그렇지만 사람들의 생각이 바뀌고 있었고, 행동으로 옮겨지는 경우도 늘어났지. 작은 움직임이 큰 변화를 이끌어 낸다는 것을 알게 되었으니까.

15 제2차 세계 대전과 변화

1. 대공황과 전체주의

제1차 세계 대전 후 뉴욕은 런던을 대신하여 세계 금융의 중심이 되었어. 군수 물자만을 팔다가 뒤늦게 참전해 승전국이 되는 바람에 가능했던 일이었지. 이런 미국에서 1929년 모든 경제 활동이 혼란에 빠진 **대공황**이 발생했어. 생산이 늘어난 데 비해 노동자의 임금은 오르지 않았기 때문에 문제가 생긴 거야. 물건을 사고 싶어도 살 돈이 부족해서 사지 못했어. 팔리지 않은 물건의 재고는 쌓여만 갔고. 여기에 1929년 뉴욕 증권 거래소의 주가가 폭락하면서 은행이 망하고 회사는 문을 닫는 상황이 발생했어. 대규모 실업자가 생기고 농산물 가격은 내려갔지. 일자리를 잃은 사람들이 늘어 물건은 더 안 팔리고 재고만 늘어 망하는 회사는 더 늘어나는 악순환이 반복되었어.

세계 경제를 주도하던 미국에서 시작된 공황은 단숨에 전 세계로 퍼졌어. 당시 전후 복구를 위해 유럽의 여러 나라는 미국으로부터 많은 돈을 빌린 상태였지. 공황 발생 후 미국이 빌려주었던 돈을 회수하자 유럽의 은행들은 파산할 수밖에 없었어. 물가는 3분의 1 수준으로 떨어졌으며, 모처럼 유지되고 있던 평화와 안전도 흔들렸지. 전 세계가

1929년 주가 폭락 후 월스트리트에 모인 사람들

월스트리트에는 증권 거래소, 은행 등이 모여 있었어. 지금도 마찬가지야.

한순간에 대공황의 늪에 빠져 버렸어.

이때 미국 대통령으로 루스벨트 가 선출되었어. 그는 대공황을 극복하기 위해 뉴딜 정책 을 폈어. 민주주의 국가에서는 경제가 자유롭게 이루어지도록 정부는 지켜보는 게 맞는데, 상황이 좋지 않으니 국가가 경제에 개입하겠다고 국민에게 제안한 거야. 미국 정부는 적극적으로 경제에 개입하여 생산을 조절하고 대규모 공공사업으로 일자리를 만들었어. 또한 노동자가 돈을 벌지 못하면 물건이 팔리지 않는다는 것을 경험했기에 최저 임금제 와 실업 수당 을 마련하였지. 나라에서 농산물을 사들여 농민들을 도왔고 생산량도 조절했어. 뉴딜 정책으로 상황이 나아지자 미국은 조금씩 대공황의 늪에서 빠져나오기 시작했어.

공공사업의 일환으로 도로를 건설하고 있는 근로자들

뉴딜 정책처럼 국가가 경제에 적극적으로 개입하는 것을 '수정 자본주의'라고 한단다.

한편 식민지가 많은 영국과 프랑스는 자기 나라와 식민지 경제를 하나로 묶는 블록 경제 로 공황을 해결했어. 자국에서 많이 생산된 물건은 식민지에 떠넘기고 외국 상품에는 무거운 관세를 부과하는 등의 방법을 사용했지.

하지만 산업 발전도 늦고 식민지도 거의 없었던 이탈리아나 일본, 전쟁 배상금으로 허덕이던 독일은 이러한 방법으로는 공황을 해결할 수가 없었어. 이들이 선택한 방법은 무력으로 다른 나라를 침략 하는 것이었지.

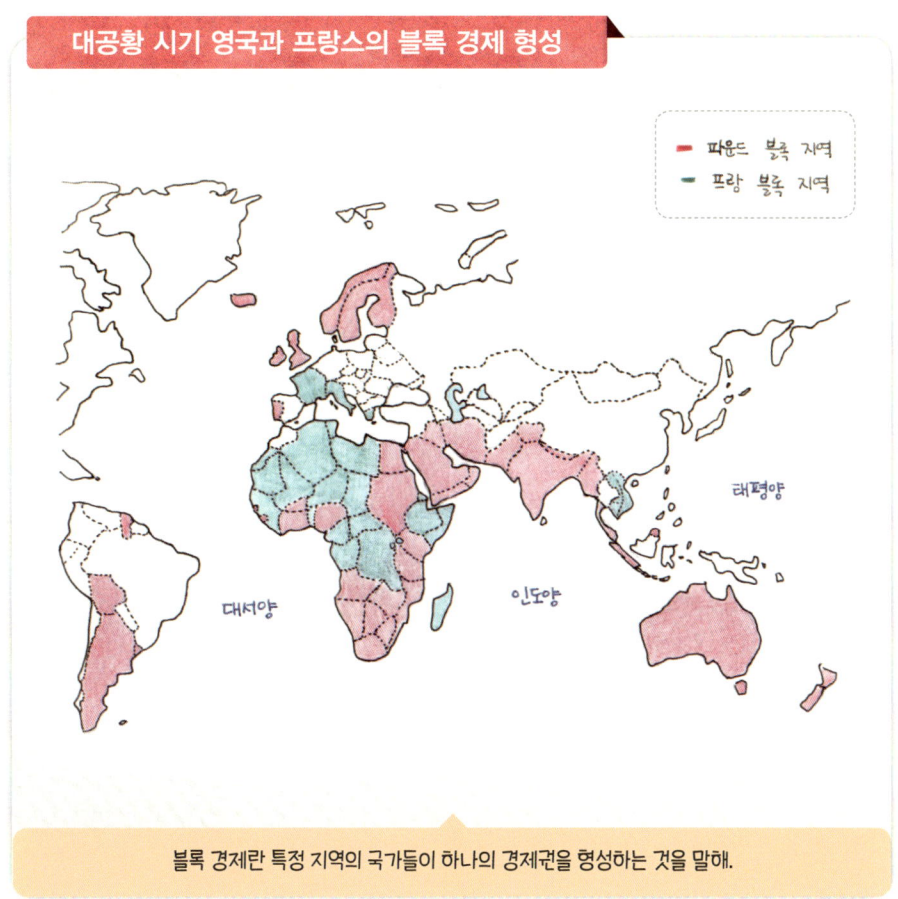

블록 경제란 특정 지역의 국가들이 하나의 경제권을 형성하는 것을 말해.

이탈리아는 제1차 세계 대전의 승전국이었지만, 기대만큼 영토가 늘지 않아서 불만을 느끼고 있었어. 물가가 상승하고 경제가 어려워지자 공산주의가 유행했고, 파업과 폭동이 자주 일어났어. 이런 상황에 불안감을 느낀 사람들은 무솔리니를 중심으로 파시스트당을 만들었지. 국가 전체의 이익을 위해 개인의 희생을 강요하는 파시스트들의 이념을 파시즘이라고 해. 이후 파시즘은 모든 전체주의를 의미하는 말로 사용되었어.

1922년 39세의 무솔리니는 총리가 되어 20년 동안이나 독재를 했지. 1929년 대공황 때 전쟁은 인간을 위대하게 만든다면서 그가 선택한 방법은 침략이었어.

군복 차림의 무솔리니

무솔리니는 권력을 잡고 나서 공식 석상에 군복 차림으로 등장했어.

대공황은 미국의 지원 덕택에 회복 중이던 독일의 바이마르 공화국에 직격탄을 날렸어. 이러한 위기 상황에서 히틀러 가 등장했어. 그는 실업자에게 일자리를 마련해 주어 경제를 살리겠다고 했어. 터무니없는 배상금을 요구한 베르사유 조약을 파기하고 독일을 가장 강한 나라로 만들겠다고 약속했지. 히틀러의 인기는 날로 높아졌어. 선거를 통해 권력을 장악한 나치당은 바이마르 공화국을 무너뜨렸고, 히틀러는 1934년 제3제국 의 총통이 되었어. 제3제국은 800~1806년의 신성 로마 제국(제1제국)과 1871~1918년의 독일 제국(제2제국)을 계승했다고 붙인 이름이야.

경제가 살아나고 실업자 수는 감소했지만, 히틀러는 독재자가 되었어. 군사 조직과 비밀경찰인 게슈타포 를 이용해 국민을 감시했지. 이후 히틀러는 독일 국민의 우수함을 강조하며 군비를 강화하여 오

1942년 6월 4일의 히틀러

스트리아를 합병했어. 또한 유대인과 집시, 장애인 등은 해를 끼치는 사람이라고 하며 격리시키거나 제거해야 한다고 주장했어. 결국 유대인들을 집단 수용소에 가두고 죽이기까지 했단다.

일본도 제1차 대전 후 강대국으로 성장하긴 했지만, 대공황의 여파를 극복하기에는 힘이 모자랐어. 국가 경제는 어려워졌고 부패한 정치에 대한 사람들의 불만도 커져만 갔지. 군부 는 쿠데타로 이를 진압한 후 언론과 사상을 엄격하게 통제했어. 또한 만주사변 (1931년)을 일으키는 등 일본 역시 전체주의로 나아갔지.

만주 선양에 입성하는 일본군

1931년 9월 18일, 일본군이 만주 펑톈 외곽에 있는 류탸오후 철교를 폭파했어. 그러고는 이를 중국군이 저지른 일이라고 뒤집어씌워 전쟁을 일으켰지. 일본은 대륙 침략의 전진 기지를 마련하려는 속셈으로 만주의 대부분을 장악했단다.

에스파냐에서도 프랑코 가 쿠데타를 일으켜 공화 정부를 무너뜨렸어. 이 내전으로 1939년 전체주의 정권이 수립되었지.

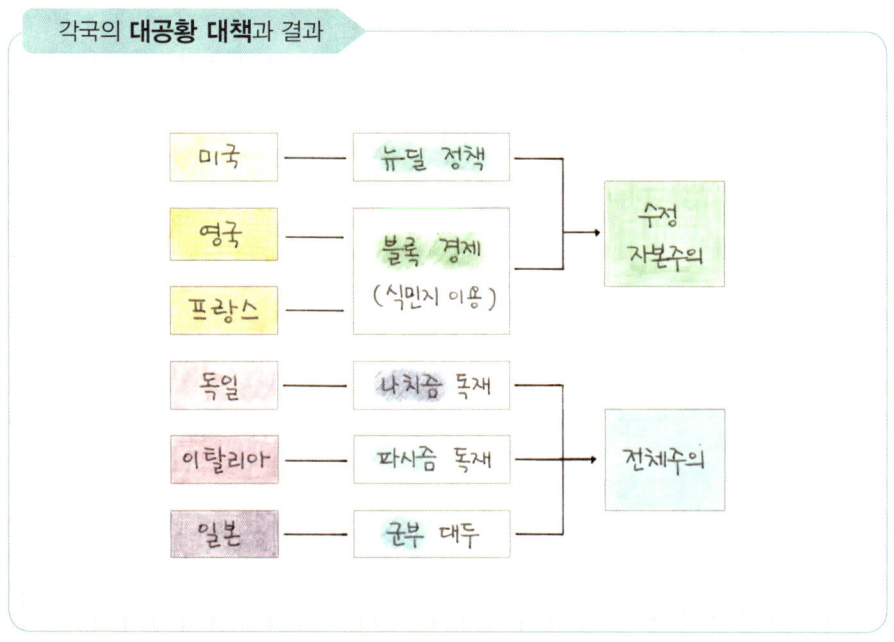

'개인은 전체의 발전을 위해서만 존재한다'라는 생각으로 국가가 국민을 강력하게 통제하는 체제가 전체주의야. 어렵고 힘든 경제 상황과 불안한 사회를 국가가 통제해 안정시켜 주기를 바라는 마음에서 사람들은 전체주의를 지지했어. 그렇지만 나라의 이익을 위해 전쟁터로 내몰리고 개인의 자유와 권리는 희생되었단다. 얼마나 사는 게 힘들었으면 전체주의를 선택했을까? 전쟁과 공황이 사람들의 판단력을 흐리게 할 만큼 처참했었다는 걸 알려 주는 것 같아 마음이 아프네.

2. 전 세계로 번진 두 번째 싸움

1936년 에스파냐에서 내전이 일어났을 때 독일과 이탈리아는 프랑코가 정권을 잡을 수 있도록 도왔어. 이를 계기로 독일과 이탈리아는 조약을 맺었지. 얼마 후 독일은 일본과도 협정을 맺었어. 나치즘의 독일과 파시스트 이탈리아, 군국주의 일본이 손을 잡은 거야. 이들은 자신들을 추축국 이라고 불렀어. 자기들이 국제 관계의 중심축이라나 뭐라나. 전체주의 나라들이 뭉치다니…, 세계의 평화는 바람 앞의 등불이 되어 버렸어.

일본은 1937년에 중일 전쟁 을 일으켜 중국 본토를 침략했어. 비밀리에 훈련한 1백만 명이 넘는 군사를 보유하고 있었던 독일은 1938년에 오스트리아를 합병하고, 1939년에는 체코슬로바키아를 집어삼켰어. 그리고는 소련과 공동으로 폴란드를 차지하기 위해 서로

상호 불가침 조약을 맺고 있는 독일과 소련 대표

파시즘과 공산주의의 유착은 전 세계를 커다란 충격에 빠뜨렸어. 특히 파시즘의 확산을 우려하는 나라들은 소련의 선택에 거세게 반발했지.

침략하지 말자는 불가침 조약 을 맺었어. 독일군이 폴란드로 진격할 때 소련이 눈감아 주는 대가로 폴란드의 서쪽은 독일이, 동쪽은 소련이 갖기로 약속했지.

1939년 9월 1일, 독일군은 탱크를 앞세워 폴란드의 국경을 넘어갔어. 제2차 세계 대전 이 시작된 거야. 영국과 프랑스는 이틀 뒤 독일에 선전포고했고, 여기에 여러 나라가 힘을 보탰어. 이 나라들은 연합국 이라 불렀어.

영공을 관측하는 영국 공군

영국의 저항으로 전쟁은 장기전이 되었어.

파리를 점령한 독일군

전쟁 준비를 착실히 한 독일 은 제1차 세계 대전 때와는 달리 아주 강했어. 1940년 4월 덴마크와 노르웨이를 점령한 뒤 네덜란드와 벨기에, 프랑스까지 차례로 함락시켰어. 프랑스의 드골 대통령은 영국에 망명 정부를 세워 끝까지 저항하였지. 그러자 독일은 영국을 공격하기 시작했어. 특히 비행기로 폭격하여 큰 피해를 줬지만 영국은 끈질기게 저항했어. 전쟁이 길어질 조짐을 보이자, 독일은 불가침 조약을 깨고 곡창지대와 유전이 있는 소련으로 쳐들어갔어. 그렇지만 히틀러도 나폴레옹처럼 소련을 패배시키지는 못했단다.

한편 아시아에서 유일하게 근대화에 성공한 일본 은 아시아 전체를 식민지로 만들고 싶어 했어. 중국을 상대로 싸우고 있던 일본은 제2차 세계 대전이 일어나자 동남아시아로도 발길을 돌렸어. 프랑스의 식민지였던 인도차이나반도를 순식간에 점령했지. 이에 프랑스는 미국에 도움을 요청했고 미국은 영국, 중국, 네덜란드와 손잡고 일본에 석유 등이 수입되지 못하게 막아 버렸단다. 그러자 일본은 동남아시아를 더 강하게 압박하는 한편, 하와이의 진주만을 기습적으로 공격했어(1942년). 진주만 공격 을 계기로 미국은 제2차 세계 대전 참전을 결정하고 일본과 태평양을 사이에 두고 치열하게 싸웠지.

1941년 여름부터 전쟁의 양상이 바뀌기 시작했어. 미국은 미드웨이 해전에서 일본을 물리쳤고, 러시아는 지금의 볼고그라드인 스탈린그

피격으로 불타고 있는 전함 애리조나호

진주만에 있던 애리조나호는 피격받은 뒤 이틀 동안 불타올랐어.
나중에 일부가 인양되어 지금까지도 남아 있대.

라드에서 독일을 상대로 승리했어. 영국은 아프리카에서 독일을 혼내줬지. 시칠리아섬에 상륙한 연합군에 의해 이탈리아의 무솔리니 정권이 무너졌어. 1944년 악천후 속에 미국의 아이젠하워 장군이 총지휘한 노르망디 상륙 작전 이 성공하면서 파리가 해방되었고, 연합군은 프랑스를 회복하고 독일로 진격하였어. 독일의 수도 베를린이 점령되자 독일은 무조건 항복을 선언했어. 하지만 일본은 항복하지 않고 끝까지 저항했어. 결국 미국이 히로시마와 나가사키에 원자 폭탄 을 떨어뜨리고 나서야 일본도 항복했단다. 1945년 8월 15일, 인류 역사상 가장 큰 전쟁이 끝났어.

〈밴드 오브 브라더스〉라는 미국 드라마가 있는데, 제2차 세계 대전과 노르망디 상륙 작전을 소재로 하고 있어. 이 드라마를 보면 당시 전쟁을 이해하는 데 도움이 될 거야.

1944년 6월 6일 아침, 오마하 해변으로 몰려가는 미국 육군

길이가 80km인 노르망디 해안은 유타, 오마하, 골드, 주노, 소드의 다섯 구역으로 나뉘어 상륙 작전이 펼쳐졌어. 이날 날씨가 좋지 않고 강풍이 불었대. 그래서 일부는 계획한 장소에서 동쪽으로 밀려나 상륙이 이루어졌는데, 특히 유타와 오마하 해변에서 심했어.

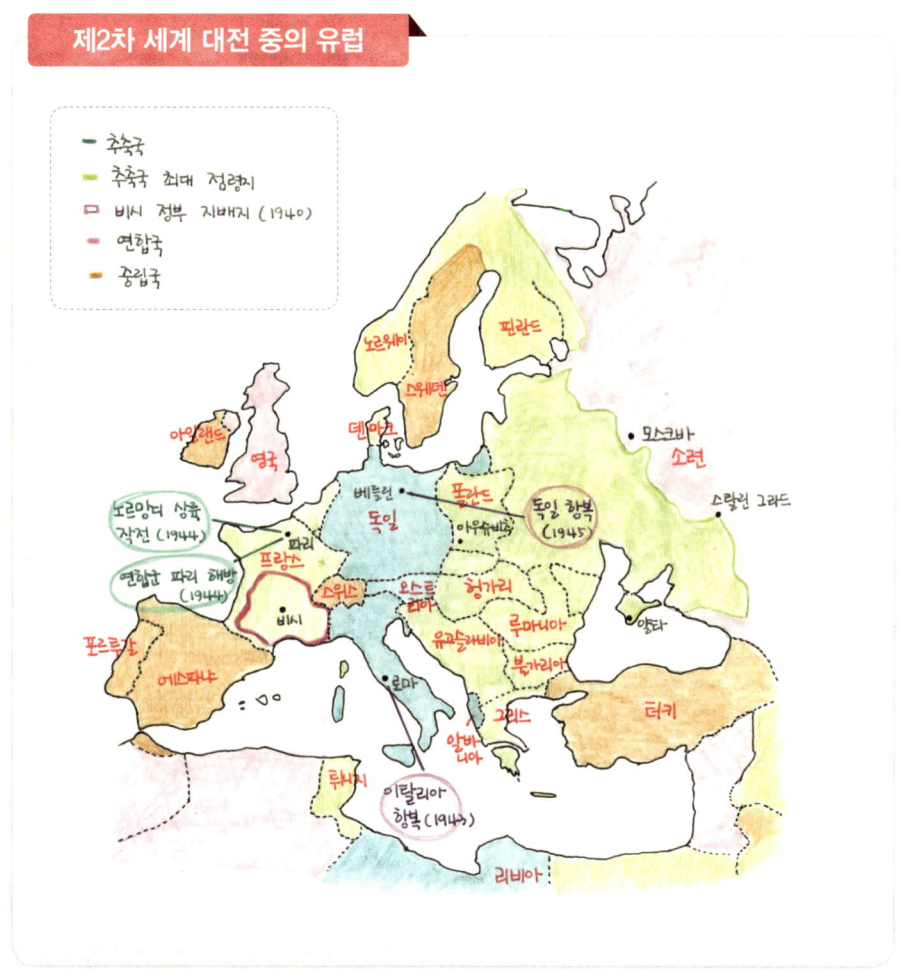

제2차 세계 대전 중에는 싸우다가 죽은 사람들도 많았지만, 강제로 죽임을 당한 사람도 많았어. 완전히 태워 바치는 희생 제물이란 뜻의 그리스어인 홀로코스트 는 히틀러가 게르만족의 우월함을 내세워 학살한 유대인들을 말해. 나치는 유대 인종 전체를 없애려고 이들을 잡아 수용소에 가둔 후 방에다 독가스를 주입하여 죽였지.

나치 독일의 아우슈비츠 수용소의 모습

대표적인 대량 학살 수용소가 아우슈비츠였지.

1933년부터 1945년까지 12년 동안 나치가 계획적으로 학살한 사람은 유대인뿐만 아니라 슬라브족, 집시, 동성애자, 장애인, 정치범 등으로, 약 1천1백만 명이 죽임을 당했어.

일본은 중국 난징에 머문 두 달 동안 30만 명이 넘는 사람들을 죽였지. 군인뿐 아니라 남녀노소를 구분하지 않고 학살했거든. 심지어 만주에 있는 일본의 731부대에서는 살아 있는 사람을 대상으로 생체 실험을 했어. 실험 대상이 된 사람들을 통나무란 뜻의 마루타 라고 불렀고. 게다가 일본은 한국을 비롯한 아시아 여러 지역의 여성들을 일본군을 위한 위안부 로 강제 동원하는 만행을 저질렀어.

위안소 입구

'성전 대승의 용사 대환영', '몸도 마음도 바치는 야마토나데시코의 서비스'라고 쓰여 있어. 문구만 봐도 어떤 장소인지, 위안부가 어떤 취급을 받았는지 짐작되지?

원자 폭탄 투하 후의 히로시마

한편 미국이 히로시마와 나가사키에 떨어뜨린 원자 폭탄 때문에 18만 명이 죽었어. 연합군이 독일을 공격했을 때도 엄청나게 많은 일반인이 희생되었지.

대서양 회담에 참석한 프랭클린 루스벨트와 윈스턴 처칠

1941년 영국의 처칠과 미국의 루스벨트가 대서양에서 회담했어. 전후의 세계 질서에 대하여 14개조의 평화조항으로 된 〈대서양 헌장〉을 발표했지. 이 내용은 후에 국제 연합의 원칙이 되었단다.

태평양 전쟁이 시작되기 얼마 전, 미국과 영국의 지도자들이 대서양에 떠 있던 영국 전함에서 만났어. 전쟁이 끝난 뒤 세계의 평화를 위해 해야 할 일을 담은 〈대서양 헌장〉을 발표했지. 그 후 연합국은 카이로, 얄타, 포츠담 등에서 모여 회담을 열고 전후 처리에 대해 상의했어. 전쟁이 끝난 후 독일에서는 뉘른베르크 국제 군사 재판이 열렸고 일본에서는 도쿄 극동 군사 재판이 열렸어.

또한 1945년 10월에 강력한 국제기구가 설립되었어. 〈대서양 헌장〉에 따라 전쟁 방지와 평화 유지를 위한 국제 연합(UN) 이 만들어진 거야. 국제 연합은 평화유지군(유엔군)을 조직하여 침략에 대해 무력으로 제재를 가할 수 있었어. 이 유엔군은 6·25 전쟁 때 우리를 돕기 위해 파견되었지.

미국 뉴욕에 있는 국제 연합 본부

국제 연합은 평화 유지뿐만 아니라 각국의 사회적·경제적 발전을 위해서도 협력하고 있어.

국제 연맹과 국제 연합의 비교

구분	국제 연맹	국제 연합
창설 시기	제1차 세계대전 이후 (1920년)	제2차 세계대전 이후 (1945년)
본부	스위스 제네바	미국 뉴욕
주요 강대국의 참가	미국, 소련의 불참	미국, 소련의 참가
무력 제재	불가능	가능

전쟁은 이겨도 져도 힘들고 괴로운 거야. 언제 어떻게 죽을지 모르며 살아야 하니까. 과연 누구를 위해, 무엇 때문에 전쟁하는지에 대해 생각해 보면 좋겠어.

3. 드디어 독립한 아시아와 아프리카

제1차 대전 후에는 패전국의 식민지만 독립할 수 있었는데 제2차 대전 후에는 어떠했을까? 안타깝게도 제2차 대전 후에도 마찬가지였어. 그렇지만 민족의식이 높아졌고 사람들도 깨우쳐 스스로 독립을 이룬 나라가 많이 늘어났단다. 그런데 독립이 되었어도 좋지만은 않앉어. 여전히 남아 있는 열강의 간섭과 영향력에서 벗어나야 했고, 식민지로 사는 동안 생겨난 갈등과 대립을 극복해야 했거든.

비폭력·불복종 운동을 전개한 간디는 힌두교와 이슬람교가 화해한 상태에서 인도의 독립과 통일이 이루어져야 한다고 주장했어. 그러나 이 바람은 끝내 이루어지지 못했지. 전쟁 후 영국이라는 공공의 적이 사라지자 함께 반영 운동을 했던 인도국민회의와 무슬림 연맹이 갈라섰거든. 심지어 대규모 무력 충돌까지 있었지. 결국 인도의 독립은 힌두교의 인도 와 이슬람의 동서 파키스탄 으로 분리된 채 이루어졌어. 차로 유명한 실론섬은 불교를 믿는 스리랑카 가 되었고, 동파키스탄은 후에 방글라데시로 떨어져 나갔어.

제2차 대전 후 프랑스는 베트남을 다시 지배하려고 했어. 베트남을 지배하던 일본이 패전하자 은근슬쩍 차지하려 한 거야. 그렇지만 프랑스는 호찌민을 중심으로 한 베트남의 게릴라 전술에 시달렸고 베트남은 남북으로 분리된 채 독립했어.
이후 미국의 지원을 받은 남베트남은 반공법을 만들어서 공산주의를 탄압했고, 날이 갈수록 남북 베트남 간의 갈등은 심해졌어. 전쟁으로 번진 갈등은 11년 만에 북베트남이 승리하면서 마무리되었지. 1975년 베트남은 공산주의 국가로 통일되었단다.

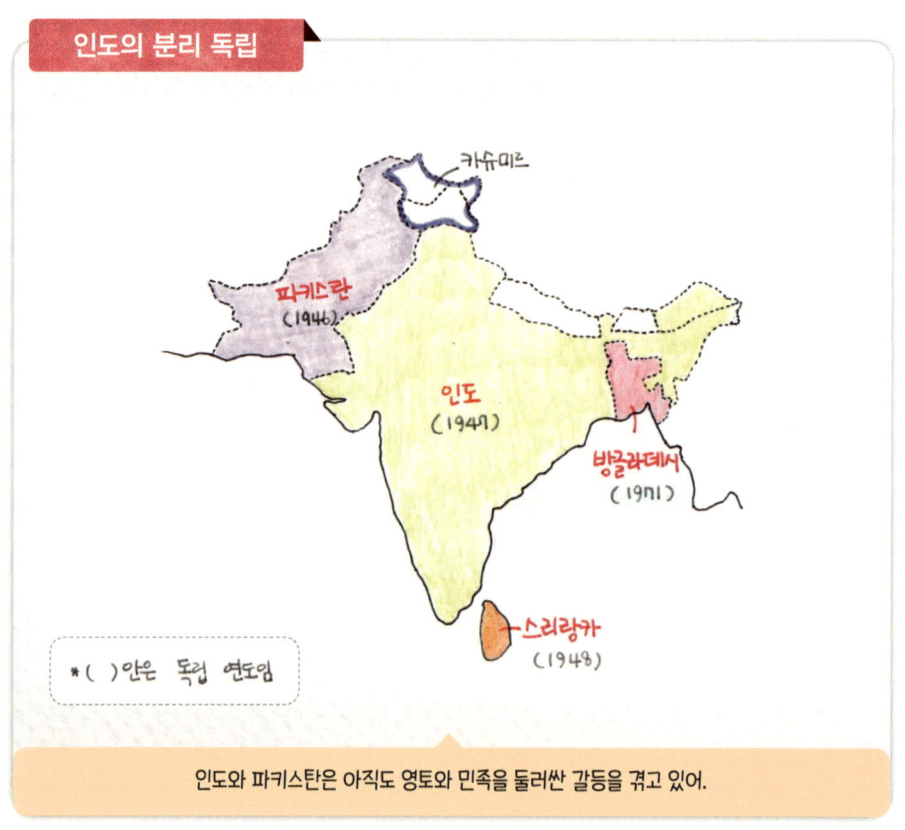

인도와 파키스탄은 아직도 영토와 민족을 둘러싼 갈등을 겪고 있어.

히틀러의 나치에게 탄압받았던 유대인들이 1948년 팔레스타인 지역에 이스라엘 을 세웠어. 2천 년이 넘는 기간 동안 나라 없는 설움을 톡톡히 겪은 유대인들의 입장에서는 고향에 돌아와 나라를 세운 것이니 얼마나 기뻤겠어? 그런데 유대인들이 떠나가 있는 동안 팔레스타인 지역에는 이슬람을 믿는 아랍 사람들이 살고 있었단다.

제1차 대전 때 영국은 자신들을 도우면 아랍 사람들에겐 아랍 국가를, 유대인에게는 유대인의 국가를 팔레스타인 지역에 건설하게 해

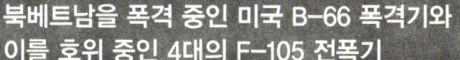
북베트남을 폭격 중인 미국 B-66 폭격기와 이를 호위 중인 4대의 F-105 전폭기

미국뿐 아니라 우리나라도 베트남 전쟁에 참전했어.

북베트남과 남베트남 사이에 20년 동안 벌어졌던 전쟁은 남베트남이 협정에 따른 공동 선거를 시행하지 않아서 시작되었어. 엄청난 파괴와 인명 손실을 낸 베트남 전쟁은 1975년 4월 30일 남베트남 정부가 항복하면서 종결되었어.

주겠다고 이중으로 약속했어. 그때부터 유대인이 이 지역에 모여들기 시작했고 나치의 학살을 피해 온 사람들까지 더해져 그 수는 점점 늘어났어. 제2차 대전 후 국제 연합은 팔레스타인 지역을 유대인 거주 지역과 아랍인 거주 지역으로 나눴어. 유대인들은 방랑을 끝내고 정착할 수 있었지만, 살던 곳을 빼앗긴 팔레스타인 사람들은 힘겨운 방랑을 시작해야만 했지.

1948년 텔아비브에서 이스라엘의 독립을 선언한 총리 다비드 벤구리온

이후 이스라엘과 팔레스타인의 처절한 싸움은 계속되었고, 네 차례나 그리스도교 국가와 이슬람교 국가 간의 분쟁으로 커졌어. 각지로 흩어진 팔레스타인 난민들은 1964년 팔레스타인 해방 기구(PLO) 를 만들었지만, 현재까지도 이 지역에서는 갈등과 희생이 이어지고 있단다.

유럽 열강의 식민지로 힘겹게 살았던 아프리카의 독립운동은 치열했어. 40여 개의 나라가 40여 년에 걸쳐 처절하고 끈질긴 항쟁을 벌인 끝에 독립을 이뤄 냈지. 1951년 리비아가 이탈리아로부터 독립한 것을 시작으로 1960년에는 북중부 아프리카의 17개국이 독립했어. 이 해는 아프리카의 해 로 불리고 있단다.

그러나 아프리카의 독립국들은 남아 있는 식민 통치의 흔적 때문에 몸살을 앓고 있어. 2천 개가 넘는 부족과 800개가 넘는 언어, 지리적 환경을 무시하고 통치의 편의를 위해 마음대로 그어 놓은 국경선 때문에 발생하는 문제가 끊이지 않고 있거든. 전혀 다른 말을 사용하는 전혀 다른 부족과 무조건 같은 나라의 국민으로 살아야 한다니…. 그래서 지금도 수많은 내전으로 학살당하거나 난민이 되는 사람들이 생겨나고 있어.

제2차 세계 대전 이후 아시아·아프리카 여러 나라의 독립

16 냉전 체제와 제3세계

1. 차가운 전쟁

제2차 세계 대전 후에도 세계의 평화는 찾아오지 않았어. 미국 중심의 자본주의 국가들과 소련 중심의 공산주의 국가들 간에 소리 없는 이념 전쟁이 벌어져 긴장과 대립이 계속되었지. 이를 차가운 전쟁, 즉 냉전 이라고 해.

전쟁이 끝난 후 승전 연합국은 패전국 독일을 도와주기로 합의했어. 제1차 대전 후에 독일에 엄청난 배상금을 물렸더니만 또다시 전쟁을 일으켰잖아. 전쟁의 상처를 빨리 극복해야 가만히 있을 것이라고 계산한 거지. 그런데 문제는 자본주의 국가인 미국, 영국, 프랑스는 독일을 자본주의 나라로 만들고 싶었고, 소련은 공산주의 나라로 만들고 싶었던 데서 시작되었어. 양쪽은 팽팽하게 맞서다 결국 동독과 서독 으로 나누어 관리하기로 했지. 독일의 수도 베를린도 두 동강이 났어.

게다가 소련은 독일을 자본주의 국가로 만드는 정책을 펴지 말라면서 베를린과 서독을 잇는 모든 철도와 도로를 막는 베를린 봉쇄 를 단행했어. 동독에 위치한 서베를린은 섬이 되었고, 미국과 영국은 필요한 물건들을 1년 가까이 비행기로 날라 주어야만 했지. 다행히 소련이 봉쇄를 풀어 전쟁으로 번지지는 않았지. 하지만 동독에서 서독으로 탈출하는 사람이 점점 늘자 동독은 1961년 동베를린과 서베를린 한가운데에 장벽을 세워 버렸어. 이 베를린 장벽 은 냉전의 상징이 되었단다.

동독 노동자들이 장벽을 건설 중인 모습

동독에서 탈주하는 사람들을 막으려고 1961년 8월 13일부터 만들어진 베를린 장벽은 1989년 11월 9일 자유 왕래가 허용된 이후 붕괴되었어. 일부분은 기념으로 남겨져 있지만.

스탈린은 제2차 세계 대전이 끝나기 전 "이제부터 자본주의에 대한 전쟁이 시작된다."라며 냉전을 예고했어. 그러면서 소련 주도로 동유럽을 비롯한 세계 각지에 공산주의를 퍼뜨리고 싶어 했지. 소련은 각 나라의 공산당을 하나로 연결해 간섭했어.

반면 미국의 트루먼 대통령은 공산주의 세력에 대항하는 모든 나라를 지원한다는 트루먼 독트린 을 발표했어. 유럽이 전쟁의 아픔을 딛고 일어설 수 있도록 돕는 것도 미국이 할 일이라고 주장했고. 유럽의 경제가 회복되면 공산화가 되지 않으리라 생각했기 때문이야.

소련은 나치를 몰아낸 기회를 이용하여 동유럽 국가들을 공산 진영으로 묶었어.

미국은 유럽 경제 부흥 계획인 마셜 플랜을 발표하고 유럽에 120억 달러나 원조했어. 그러자 소련은 코민포름이라는 공산주의 국가 정보국과 경제 협력 기구인 코메콘을 만들었어. 이를 통해 동유럽 국가들의 단합을 도모했지. 미국은 한 걸음 더 나아가 서유럽을 중심으로 북대서양 조약 기구라는 군사 조직을 만들었고, 이에 대항해 소련과 동유럽 국가들은 바르샤바 조약 기구 를 만들었어. 이렇게 미국과 소련, 자본주의와 공산주의는 무력으로 싸우진 않았지만 경제, 외교, 정보 등 각 분야에서 끊임없이 날카롭게 대립하는 시기를 보냈단다.

자본주의 진영과 공산주의 진영

자본주의 진영	공산주의 진영
• 미국 주도	• 소련 주도
• 마셜 계획 수립 (서유럽 경제 원조)	• 동유럽 경제 상호 원조 회의 (COMECON) 결성
• 북대서양 조약 기구 (NATO) 결성	• 바르샤바 조약 기구 (WTO) 결성

이 두 기구는 군사 동맹 이야!

제2차 세계 대전이 끝난 중국에서도 두 세력이 대립했어. 반일 운동에는 힘을 합쳤던 국민당과 공산당 사이에 내전 이 벌어졌지. 초기에는 미국을 비롯한 유럽의 열강들이 무기와 물자를 대규모로 지원한 국민당이 우세했어. 그렇지만 장제스가 이끈 국민당은 점차 부패하여 민심을 잃고 말았어. 반면 마오쩌둥의 공산당은 농민에게 땅을 나누어 주는 토지 개혁으로 농민의 지지를 얻었지. 내전에서 승리한 공산당은 1949년 10월 1일 중화 인민 공화국 을 세웠어. 전쟁에서 진 장제스와 국민당은 타이완 섬으로 쫓겨나 오늘날의 타이완 을 이루었고.

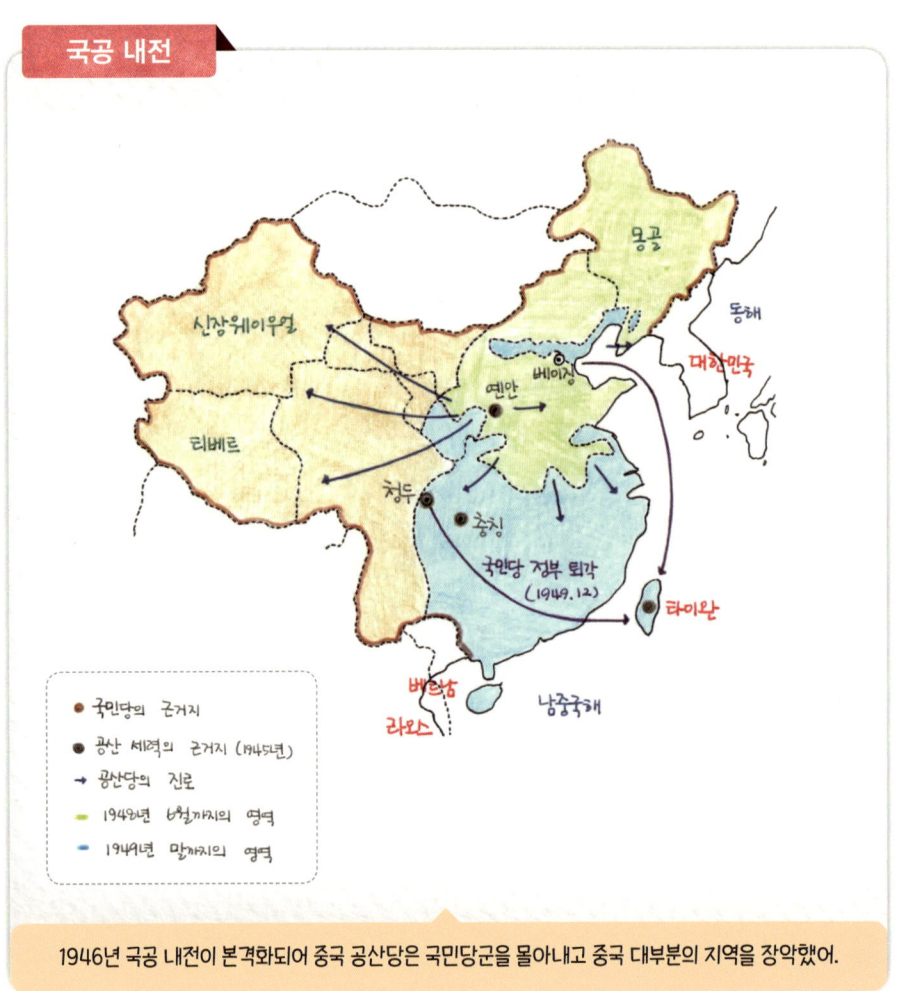

1946년 국공 내전이 본격화되어 중국 공산당은 국민당군을 몰아내고 중국 대부분의 지역을 장악했어.

중국의 국가 주석으로 취임한 마오쩌둥 은 소련의 도움으로 농촌을 집단 농장화하고 공업화를 추진하였어. 그러나 기근이 들어 많은 사람이 죽고, 소련과 사이가 나빠지면서 마오쩌둥이 추진한 경제 발전이 목표였던 대약진 운동 은 실패했어. 1966년부터는 완전한 공산주의 국가를 건설하겠다는 목표로 문화대혁명 을 실시했지. 그런데 마오쩌둥의 사상을 강조하고 자본주의와 중국의 전통문화를 부정하는 운동이 어떻게 성공하겠어? 전통문화는 파괴되고 지식인이나 전문가는 탄압받았으며 정치적 반대파는 무차별 공격을 받는 등 오히려 사회는 혼란스러워지기만 했단다. 산업과 과학 기술은 발전을 멈추게 되었지.

베이징의 어느 담벼락에 쓰여 있는 문화대혁명 구호

윗줄에는 '신선한 피와 생명으로 당 중앙을 보위하자!'라고 쓰여 있고, 아랫줄에는 '신선한 피와 생명으로 마오(마오쩌둥) 주석을 보위하자!'라고 적혀 있어. 문화대혁명의 성격을 잘 보여 주는 구호야!

돈과 힘의 차이로 인해 다투던 세상이 이념이 다르다는 이유로 싸우는 세상이 되었어. 제1, 2차 세계 대전처럼 전 세계가 전쟁의 소용돌이에 휘말린 것은 아니었지만 지구촌 곳곳에서 이념 차이로 인한 전쟁이 끊이지 않았고.

2. 뜨거운 전쟁

자본주의와 공산주의의 차이가 만들어 낸 차가운 전쟁 속에서 뜨거운 전쟁의 시작을 알린 것은 6·25 전쟁 이야. 전쟁이 발발한 1950년, 우리나라는 미국과 소련에 의해 둘로 나뉘어 있었어. 이 해 6월 25일 새벽, 북한 군대가 북위 38도의 군사분계선을 넘어 남쪽으로 쳐들어왔어. 북한은 중국과 소련의 도움에 힘입어 한반도를 공산주의로 통일하겠다며 전쟁을 시작했지. 처음에는 북한이 우세했어. 사흘 만에 서울을 점령하고 순식간에 낙동강 부근까지 진격했거든. 이런 상황에서 미국이 중심이 되어 16개국의 군대로 이루어진 유엔군 이 파병되었어. 유엔군이 인천으로 상륙해 중국 국경까지 밀고 올라가자 중국도 참전했어. 국제 전쟁으로 변한 6·25 전쟁은 3년간 지속되었지. 수백만 명이 목숨을 잃었고 온 나라를 폐허로 만들어 버린 전쟁은 1953년 휴전 협정으로 끝이 났고, 동아시아의 냉전은 더 심해졌어.

인천에 상륙하는 유엔군

6·25 전쟁 이후 한반도는 휴전 협정으로 전쟁이 중단된 상태야. 안타깝게도 전 세계에서 마지막 남은 냉전 지역이란다.

인천에 기습적으로 상륙하는 작전을 펼친 유엔군은 손쉽게 인천을 접수하고 서울까지 탈환할 수 있었어.

1959년 카리브해 연안의 쿠바에서 혁명이 일어났어. 혁명에 성공한 카스트로 가 공산주의 정부를 세우자, 미국은 쿠바와의 외교 관계를 끊어 버렸어. 카스트로는 재빨리 소련과 손잡았고 소련은 지원을 아끼지 않았지.

1962년 10월 미국은 소련의 흐루쇼프가 쿠바에 미사일 기지를 만든다는 것을 알게 되었어. 케네디 대통령은 소련이 미사일을 철수하지 않으면 쿠바를 공격하겠다고 선언했어. 미국과 쿠바는 가까운 위치에 있어서 쿠바에서 미사일을 쏘면 미국 어디에든 닿을 수 있었거든. 이 미국과 소련의 기 싸움은 국제 연합의 중재로 합의점을 찾아 전쟁을 피할 수 있었어. 소련이 쿠바에서 미사일을 철수하는 대신 미국은 쿠바의 영토를 건드리지 않겠다는 거래가 성사되었지. 냉전 시대의 정점에 놓였던 이 사건을 쿠바 미사일 위기 라고 한단다.

쿠바의 준중거리 탄도 미사일 발사 기지 항공 사진

MRBM FIELD LAUNCH SITE
Sagua la Grande No. 2
17 OCTOBER 1962

이것으로 미국과 소련의 다툼이 끝난 것은 아니었어. 베트남에서 전쟁이 벌어지자 미국은 남베트남에, 소련은 북베트남에 군대를 보내 또 맞붙었지. 일본군이 철수한 베트남에는 호찌민을 대통령으로 하는 베트남 민주 공화국이 수립되었어. 그런데 베트남을 다시 지배하고 싶었던 프랑스와 자본주의 세력을 확장하고 싶었던 미국 때문에 베트남은 분단국가가 되고 말았어. 우리나라처럼 남쪽의 자본주의 국가와 북쪽의 공산주의 국가로 말이야. 그리고 우리나라처럼 남과 북 사이에 전쟁이 일어났지. 미국이 남베트남에, 소련이 북베트남에 지원한 것도 똑같아. 미국은 남베트남에 엄청난 물자와 병력을 지원했어. 한국을 비롯한 뉴질랜드, 호주, 필리핀 등도 군대를 보냈고. 그러나 남베트남은 민심을 잃었고 북베트남의 단결은 시간이 지날수록 강해졌어. 결국 제2차 세계 대전 때보다 더 많은 양의 폭탄을 사용한 베트남 전쟁 에서 1973년 미국이 철수했어. 1975년에는 수도 사이공이 함락되면서 베트남에는 통일 공산 정권이 세워졌지.

베트남 전쟁은 열강의 욕심 때문에 치러진 전쟁이라 할 수 있어. 프

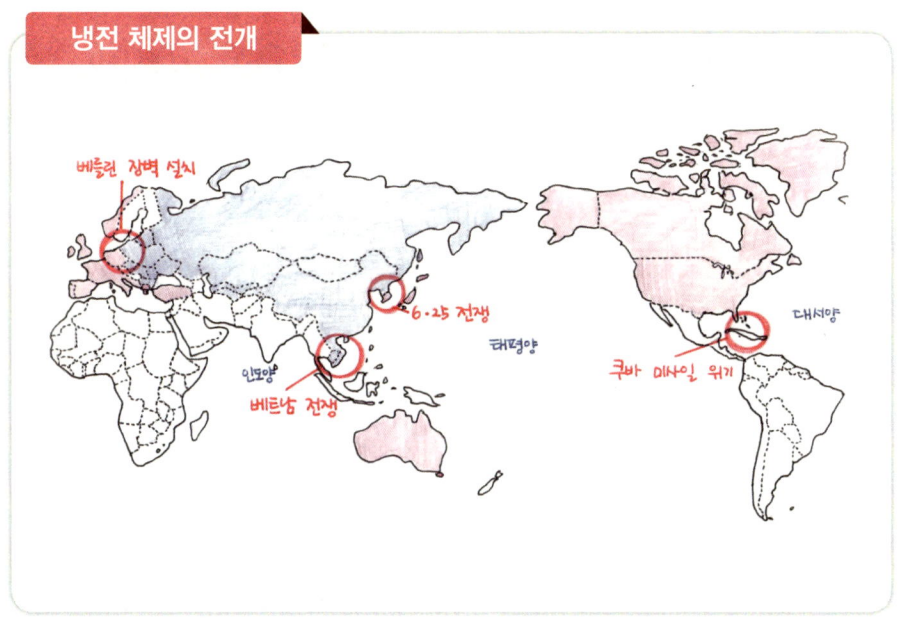

냉전 체제의 전개

랑스가 베트남을 다시 지배하려고 하지 않았다면, 미국이 남베트남을 지원하지 않아 분단되지 않았다면 베트남에는 전쟁이 없지 않았을까?

3. 제3세계와 유럽 연합

1955년 4월 인도네시아의 반둥에서 제1회 아시아·아프리카 회의 가 개최되었어. 오랫동안 식민 지배를 받으며 신음했던 아프리카와 아시아 29개국 지도자들이 모였단다. 그들은 다시는 강대국의 지배에 희생되지 않기 위해 힘을 모으고, 동과 서 어디와도 동맹을 맺지 않기로 결정했지.

1961년에는 유고슬라비아의 티토, 인도의 네루, 이집트의 나세르 등이 비동맹 회의 를 열었어. 미국, 소련과 군사 동맹을 맺지 않은 모든 나라의 결속을 다짐했지. 미국 중심의 제1세계와 소련 중심의 제2세계에도 속하지 않은 제3세계 가 탄생한 거야. 이는 전 세계 인구의 절반 이상을 차지하고 있던 동·서 진영 모두에게 큰 충격이었어. 약소국들의 협력으로 미국과 소련 중심의 냉전 질서에도 변화가 생긴 거야. 비동맹 회의의 규모는 계속 커졌으며 이 중 많은 나라가 국제 연합에 가입하면서 영향력은 점점 세졌어.

제1회 아시아·아프리카 회의 회담장

제1회 아시아·아프리카 회의는 인도의 네루, 인도네시아의 수카르노, 중화 인민 공화국의 저우언라이, 이집트의 나세르가 중심이 되어 개최되었어. 그렇지만 1964년으로 예정되었던 제2차 회의는 개최되지 못했단다.

유럽은 그리스도교와 그리스·로마 문화의 전통이라는 공통된 토대 위에서 살아왔어. 세계 역사를 좌지우지했던 유럽이 두 차례의 세계 대전으로 미국이나 소련에 밀리게 되자, 유럽 사람들은 하나의 유럽을 만들어 국제적 영향력을 키우려 했어. 물론 어려워진 경제를 살리는 것도 함께하고.

유럽 통합 운동은 서로 앙숙이던 프랑스와 독일의 화해에서 시작됐지. 1957년 프랑스, 서독, 이탈리아, 네덜란드, 벨기에, 룩셈부르크가 유럽 경제 공동체(EEC)를 만든 것을 시작으로, 1967년에는 유럽의 경제 통합을 목적으로 하는 유럽 공동체(EC)가 만들어졌어. 유럽 여러 나라가 힘을 합쳐 경제 발전을 이루고 더 나은 사회를 건설하자고 뜻을 모은 거야. 나아가 1993년에는 유럽 연합(EU) 이 탄생했어. 외교·안보 등의 정치적인 통합까지도 이루려 한 거지. 유럽 의회도 만들었고 유럽중앙은행을 설립하여 단일 화폐(유로화)를 사용하는 등 경제적 통합을 위해서도 노력하고 있어. 가난한 동유럽 국가들이 가입하면서 생겨난 경제적인 차이가 통합의 방해 요인이 되고 있고 2020년에는 영국이 탈퇴했지만, 유럽 연합이 국제 사회에서 또 하나의 중심 세력으로 성장한 것은 확실하단다.

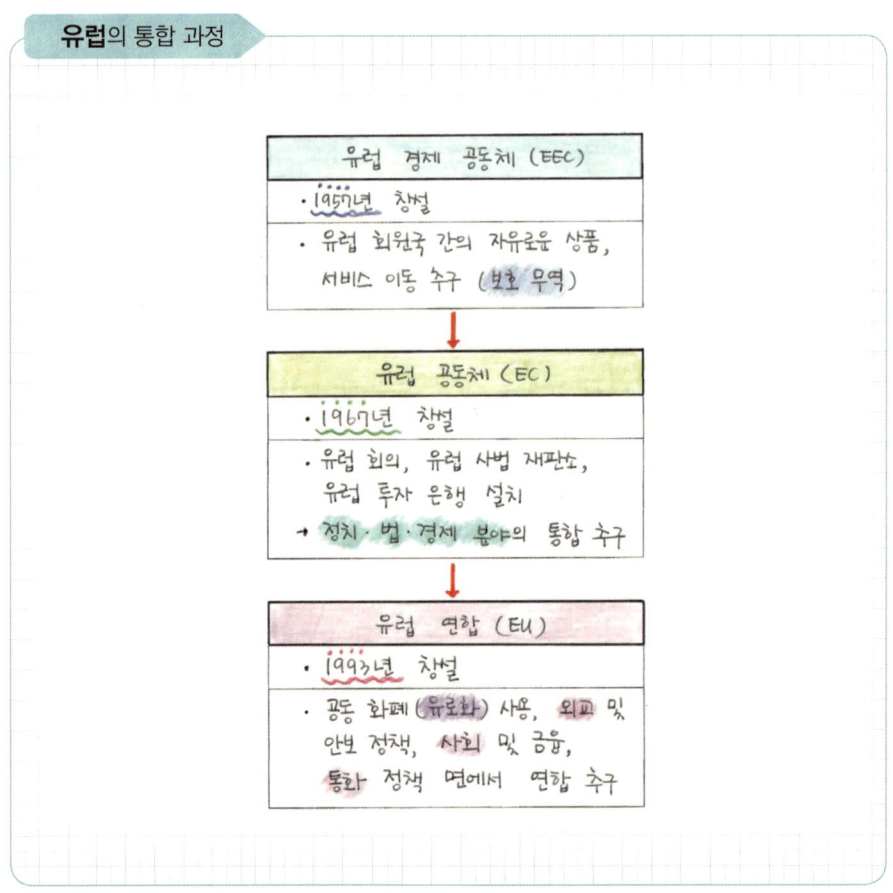

유럽의 통합 과정

17 오늘날의 세계

1. 공존의 세계

사람들은 전쟁이라면 고개를 절레절레 저었어. 20세기에 들어서서는 전 세계가 편을 나눠 싸워댔으니 말이야. 쿠바 미사일 위기를 넘긴 후 미국과 소련은 조심하기 시작했어. 극단적인 대결은 피하고 자신들의 체제를 유지하면서 함께 살아가는 사이로 바뀌었어. 스탈린 사망 후 소련의 지도자가 된 흐루쇼프 는 자본주의 세력과도 평화롭게 공존할 수 있다며 서방 세계의 지도자들과 만나는 부드러운 외교 정책을 펼쳤어. 핵전쟁을 피하기 위해서일 뿐만 아니라 진영 내에서 대장 노릇을 하려면 회유와 협박을 적절히 조절하는 게 최선책이었으니까.

결국 소련과 미국을 중심으로 하는 두 개의 진영이 건전지의 양극과도 같다고 해서 이름 붙여진 양극 체제 는 오래가지 않아 변화를 맞이했단다.

첫 번째 변화는 동유럽 에서 시작되었어. 소련에 반대하는 움직임이 나타났거든. 1956년 폴란드와 헝가리에서 소련에 반대하는 운동이 일어났고, 체코슬로바키아에서는 개혁파인 둡체크가 집권하면서 사람들이 민주화 열풍을 받아들였어. 프라하의 봄 이라 불리는 이 변화는 소련과 바르샤바 조약 기구 군대에 의해 진압되고 말았지. 또한 1960년대에는 중국과 소련의 대립이 잦았는데, 국경 문제와 공산주의에 대한 생각 차이 때문이었어. 이를 계기로 중국은 제3세계의 지도자로 국제 사회에 등장했어.

두 번째 변화는 유럽 공동체(EC)가 만들어진 것이고, 세 번째는 제3세계의 등장이야. 네 번째 변화는 프랑스가 북대서양 조약 기구(NATO)를 탈퇴하고, 서독이 동독을 인정한 거야. 마지막 변화는 일본이 눈부신 경제 발전을 하면서 새로운 강자로 떠오른 거지.

1959년 미국을 방문하여 아이젠하워 부부와 함께한 흐루쇼프 부부

흐루쇼프는 미국의 부통령이었던 닉슨의 소련 방문에 대한 답방 형식으로 미국을 방문했어.
소련의 지도자로서는 최초의 미국 방문이었지.

국제 사회가 다극 체제로 변한 것은 미국과 소련의 영향력이 예전만 못하다는 것을 의미해. 이러한 변화를 감지한 미국은 공산권 국가에 대해 융통성 있게 대처하는 것으로 태도를 바꿨어. 1969년 미국의 닉슨 대통령은 아시아 국가 내에서 벌어지는 내란이나 전쟁에 대해 미국은 군사적 개입을 하지 않겠다는 닉슨 독트린을 발표하고, 베트남에서의 철수를 시작했어. 또한 중국의 국제 연합 가입을 승인하였고 1972년에는 중국을 방문해 세계를 놀라게 했지. 두 나라는 1979년에 정식으로 국교를 수립하였어. 이렇게 세계는 평화롭게 함께 사는 방향으로 나아가게 되었어. 냉전보다는 공존을 선택한 거지.

1972년 중국을 방문하여 저우언라이와 건배하는 닉슨

미국 대통령으로서는 처음으로 중국을 방문한 닉슨은 1972년 2월 21일에 마오쩌둥과 미중 정상회담을 가졌어. 총리인 저우언라이와도 회담하는 등 미국과 중국 사이에 국교 정상화의 길을 열었지.

2. 소련의 해체와 중국의 변화

1980년대가 되자 공산주의 내부의 문제점들이 드러나기 시작했어. 소련 정부는 사람들에게 일의 종류와 목표량을 정해 주고 시키는대로 일하라고 요구했어. 쉬운 일을 하든 어려운 일을 하든 돈은 비슷하게 받았으니 누가 어려운 일을 하고 싶겠어? 아무도 열심히 일하지 않았지. 게다가 식료품을 사기 위해 긴 줄을 서야 하고 돈이 있어도 물건을 살 수 없는 등 문제가 많았어.

1985년 소련 공산당 서기장에 오른 고르바초프 는 다음 해에 발생한 체르노빌 원자력 발전소의 폭발 사고를 겪고는 개혁을 결심했어. 대피 명령이 늦게 내려져 많은 사람이 방사능에 노출되는 등 큰 피해를 입었거든. 그는 먼저 글라스노스트(개방) 정책을 실시했어. 그동안 모든 권력은 일부 공산당원에게만 주어지고 국민에게는 자유가 없었는데, 이 정책으로 자기 의견을 말이나 글로 자유롭게 표현하고

미하일 고르바초프

고르바초프는 냉전을 종식한 공로로 1990년에 노벨 평화상을 수상했어.

정부의 잘못을 비판할 수 있게 되었어. 공산 체제를 비판하는 사람들에 대한 탄압을 중지하고, 유대인들에게 이주의 자유도 허락했지. 또한 페레스트로이카(개혁) 정책도 실시했어. 당시 소련은 미국과의 지나친 군비 경쟁으로 인해 경제가 점점 나빠지고 있었어. 고르바초프는 소련이 살아남기 위해서는 자본주의 경제 체제를 일부라도 받아들여야 한다고 생각했어. 정부가 소유하고 관리하던 은행과 회사, 공장 등을 국민들도 운영할 수 있게 했지. 집단 농장을 폐지하였고 남는 농산물의 판매를 허용하였고.

페레스트로이카를 기념한 소련의 우표

또한 그동안 서로 앙숙처럼 지냈던 미국과 핵무기를 줄이는 중거리 핵전략 폐기 조약을 맺고, 부시 대통령과 몰타에서 만나 냉전 종식 을 선언하였어.

고르바초프의 과감한 개혁 정책에 불만을 가진 보수적인 소련의 공산당 관료들이 고르바초프가 휴가를 떠난 사이 쿠데타를 일으켰어. 소련 연방의 15개 나라 중 하나인 러시아 공화국의 대통령 옐친 이 이를 진압했고. 이 사건으로 공산당 세력은 약해지고 옐친은 국민의 영웅이 되었어.

쿠데타가 진정되고 얼마 안 되어 에스토니아, 리투아니아, 라트비아가 소련에서 독립하였어. 그 뒤 소비에트 연방을 구성했던 대부분의 공화국이 독립을 선언하였지. 고르바초프보다 훨씬 더 강력한 개혁을 원했던 옐친은 1991년 자신의 러시아 공화국을 중심으로 11개 공화국과 독립 국가 연합(CIS)을 결성했어. 이로써 1922년에 수립된 공산주의 최초의 국가 소련은 영원히 사라졌단다.

소련의 해체

독립 국가 연합 은 각 공화국이 저마다 하나의 독립국으로서 각자의 법, 정책, 외교권을 갖고 있었어. 연합의 주도권을 쥔 옐친 대통령은 페레스트로이카 정책을 계승하여 개혁을 이어 갔지만, 시장 경제 체제로 바꾸는 건 만만치가 않았어. 또한 소련 시절부터 억눌려 온 다양한 민족들의 목소리가 커지면서 불안한 상황이 이어졌단다.

소련을 해체하고 독립 국가 연합을 설립할 것을 조인한 벨라베자 조약

아시아의 가장 큰 공산주의 국가인 중국에서도 변화가 생겼어. 1970년대 후반에 권력을 잡은 덩샤오핑 은 중국 사람들이 잘사는 것이 제일 중요하다고 여겨 자본주의 경제 방식을 들여왔어. 경제특구를 설치해 외국의 투자와 기업을 받아들였고, 개인이 자유롭게 물건을 사고팔 수 있게 했으며, 사유 재산도 인정했지. 경제적으로는 좋아졌지

만 정치는 자유롭지 못했어. 공산당 관리의 부패와 횡포도 여전해 사람들은 자유를 갈망하게 되었어.

덩샤오핑

덩샤오핑은 실용주의 경제 정책과 사회주의 정치 체제를 유지하는 정경분리 정책을 실시했어. 그는 세계에서 유례가 없는 중국식 사회주의인 덩샤오핑 이론을 창시했단다.

1989년 6월 중국 학생들과 시민들이 톈안먼 광장에 모여 민주화를 요구하는 시위를 벌였어. 군인들은 탱크를 동원해 시위대를 짓밟았어. 중국 정부는 톈안먼 사건 을 다루지 못하게 언론을 통제했지만, 간신히 홍콩으로 도망친 시위 참가 학생의 증언으로 전 세계에 알려지게 되었지. 비록 톈안먼 광장에서 수많은 사람이 목숨을 잃었지만 중국 사회는 여전히 공산당 독재국가란다.

톈안먼 사건에 동참

1989년 5월 19일, 난징의 대학생들이 톈안먼의 반부패 시위에 합류한다는 의미의 현수막을 설치했어.

3. 동유럽의 자유화

고르바초프가 추진한 페레스트로이카는 소련뿐 아니라 동유럽 사람들에게도 자유, 민주, 경제에 대한 희망의 불씨가 되었어. 1988년 폴란드를 방문한 고르바초프는 동유럽 자결권 을 인정했어. 이후 소련의 관리 아래에 있던 동유럽 사람들은 자주 노선을 주장하며 민주화 운동을 시작했지. 헝가리, 폴란드, 체코, 불가리아, 동독 등에서 대규모 시위가 벌어졌고 고르바초프는 이를 지지했어. 소련이 전혀 간섭하지 않자 동유럽의 민주화는 빠르게 진행되어, 1989년부터 1990년에 사이에 동유럽 공산 체제가 무너졌단다.

베를린 장벽이 붕괴된 모습

1980년대 말부터 1990년 초까지 동유럽과 기타 지역의 공산정권이 무너진 것을 '1989년 혁명'이라고 불러. 특히 베를린 장벽이 붕괴된 것은 독일 재통일의 시초이자 1989년 혁명의 대표적인 사례라 할 수 있어.

동유럽에서 공산 체제가 가장 먼저 무너진 곳은 폴란드였어. 1989년에 실시된 총선에서 바웬사가 이끄는 자유 노조가 승리해 제1당이 되었어. 공산당은 제2당으로 떨어졌고. 그리고 다음 해의 선거에서 바웬사가 당선되어 대통령이 되었지.

헝가리에서도 민주화 운동이 일어나 다당제와 대통령제 도입을 명시한 헌법이 만들어졌어. 또한 오스트리아와의 사이에 있던 철조망을 제거하고 국경을 개방하였어. 많은 동독 사람들이 서독으로 가기 위해 헝가리로 몰려들면서 동독의 변화를 이끌어 냈지.

프라하의 봄을 치른 체코슬로바키아 는 둡체크를 연방 의회 회장으로 선출하였으며, 체코와 슬로바키아로 분리, 독립하였어(1992년).

루마니아 는 동유럽에서 가장 격렬한 변혁이 이루어진 곳이야. 제2차 대전 때 나치에 저항해 사람들의 존경을 받았던 차우셰스쿠는 이후 독재자로 전락했는데, 사람들의 분노를 알아채고는 루이 16세처럼 외국으로 도망가려다 붙잡혀 처형당했어.

루마니아에 이어 불가리아 와 알바니아 에서도 공산 체제가 무너졌어.

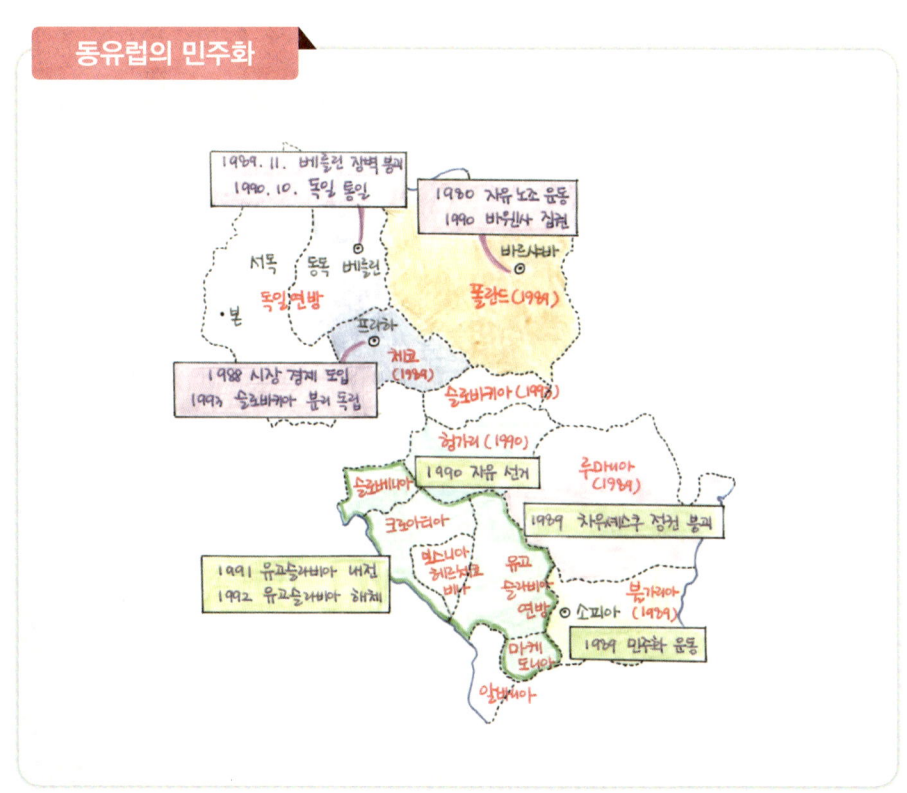

동유럽의 민주화

고르바초프의 개혁과 개방 운동은 동독 에도 영향을 주었어. 동독 정부에 실망한 사람들은 저항 운동을 벌였고, 국경을 넘어 서독으로 가는 경우도 늘어났어. 서독으로의 흡수 통합을 공약으로 내건 독일 연합이 선거에서 승리하면서 이들의 염원은 현실이 되었지.

1990년 10월 3일 0시 독일 통일 이 선포되었어. 이로써 동독(독일 민주 공화국)은 사라지고, 서독(독일 연방 공화국)은 새롭게 태어났지. 독일 사람들이 통일 직후 가장 많이 한 말은 "당케, 고르비!"였대. 동독 사람들이 자유와 민주를 외칠 때 고르바초프가 간섭하지 않고 통일에 협조해 줘서 감사하다는 마음을 표현한 거지.

자신의 나라뿐 아니라 동유럽까지 변화가 필요한 국가에 아낌없이 지원한 고르바초프는 참 대단한 것 같아. 더 많이 갖고 가진 것은 주지 않으려고 전쟁까지 마다하지 않는 사람들 이야기로 가득한 역사 안에서 큰 뜻을 중요하게 여겨 실천한 고르바초프 같은 사람들을 만나면 참 감사하단다.

4. 함께 사는 세상으로

공산주의의 몰락으로 국제적 긴장이 줄어들자 사람들은 이제 그토록 원하던 평화가 찾아올 것이라고 기대했어. 그런데 이념 대신에 인종, 종교, 자원, 미국의 일방적인 태도 등으로 인해 크고 작은 분쟁과 테러가 계속 이어지는 상황이 되었지.

[유고슬라비아]는 다양한 민족과 가톨릭, 그리스 정교, 이슬람의 종교 갈등으로 연방이 해체될 때 엄청난 내전을 겪었어. 특히 세르비아 사람들은 [인종 청소]라는 이름으로 다른 민족들을 잔인하게 쫓아내고 죽였어. 제2차 대전 후 다양한 민족과 종교를 가진 사람들을 유고슬라비아라는 한 나라로 묶은 데서 생겨난 결과여서 안타까워.

내전으로 파괴된 크로아티아의 어느 집

인종 간의 전쟁은 유고슬라비아에서 증오와 불신만을 남겼어. 지금은 슬로베니아, 보스니아 헤르체고비나, 세르비아, 몬테네그로, 크로아티아, 마케도니아, 코소보로 나뉘었어.

1859년 체첸 은 대한제국이 일본에 합병된 것처럼 러시아 제국에 의해 강제로 합병되었어. 체첸 사람들은 이슬람교를 믿기 때문에 러시아 정교를 믿는 러시아로부터 늘 독립하고 싶어 했지. 소련이 해체되자 체첸 사람들은 서둘러 독립하려 했지만 러시아는 절대 인정하지 않았어. 체첸에는 유전이 풍부한 데다 카스피해에서 생산된 원유를 러시아로 공급하는 송유관이 지나기 때문이야.

거기에다 체첸이 독립하면 다른 소수민족들도 독립을 요구하리라고 생각한 러시아는 체첸 반군 과 두 번이나 전쟁을 벌였어. 이곳의 분쟁은 지금도 진행 중이란다.

러시아와 체첸은 여전히 갈등의 불씨를 안고 있어.

제1차 체첸 전쟁

이 전쟁에서 체첸이 승리하여 미승인 국가로 독립하였지만, 제2차 체첸 전쟁에서는 러시아가 승리하여 평화가 깨졌어.

[우크라이나]는 드네프르강을 중심으로 동쪽과 서쪽의 분위기가 다르대. 드네프르강 동쪽은 주로 러시아 사람들이 사는 부유한 지역으로 우크라이나 사람들이 산 적이 없는 러시아 영토였어. 행정적으로만 우크라이나인 거지. 반면 드네프르강 서쪽은 주로 우크라이나 사람들이 살고 있으며 경제적으로 동쪽 지역보다 가난해. 그렇기에 드네프르강 동쪽과 크림반도에 사는 러시아 사람들은 우크라이나가 다시 러시아에 편입되기를 원해. 우크라이나 사람들은 이를 묵살하고 있고. 지금도 두 민족 간의 갈등은 해결되지 않은 채로 남아 있어.

[걸프전]은 냉전이 끝난 직후에 발생한 가장 큰 전쟁이야. 1990년 8월 이라크는 쿠웨이트에 쳐들어갔어. 쿠웨이트는 유전이 많은 데다 페르시아만으로 나가는 출구 역할을 하는 곳이라 탐이 났던 거지. 국제 연합 안전보장이사회는 이라크에 쿠웨이트에서 물러나라고 했지만, 그럴 거면 쳐들어갔겠어? 결국 미국을 중심으로 20여 개 나라가 [다국적군]을 결성해 이라크군을 공격했어. 미국의 최신 무기를 선보인 걸프전은 CNN 등 TV 채널을 통해 전 세계에 중계되었어. 결국 이라크가 미국이 제시한 평화안을 수용하면서 40일에 걸친 전쟁이 막을 내렸지. 미국은 걸프전을 통해 자신들이 세계의 최강대국임을 입증했어.

걸프전 사진

안타깝게도 쿠웨이트의 유전이 파괴되어 페르시아만을 오염시켰단다.

걸프전 이후 이라크와 쿠웨이트의 산업 시설은 거의 파괴되었고, 이라크 정부는 국제 연합 안전보장이사회의 제재를 받았어.

2011년 튀니지에서 시작된 민주화 운동이 리비아 로 번져 나갔어. 리비아 사람들은 독재자 카다피에게 물러나라며 반정부 시위를 벌였어. 군대와 반정부 시위대의 대립은 국제 연합의 개입과 카다피의 죽음으로 일단락되었어. 새로운 리비아 정부가 탄생했지만, 500개가 넘는 다양한 부족의 나라 리비아의 내전은 갈수록 심해지고 있단다.

무아마르 알 카다피

카다피는 비동맹 운동에 참여하고 아프리카 여러 나라에 지원을 아끼지 않았어. 그렇지만 오랫동안 집권하면서 인권을 탄압하였고, 테러와 핵실험 등의 의혹으로 인해 많은 비난을 받았지.

티베트 는 1949년 10월 중국 공산당이 차지하기 전까지 라마교를 믿으며 평화롭게 살고 있었어. 중국이 티베트 고유의 문화를 없애 버리려 하자, 티베트 사람들은 달라이 라마를 중심으로 독립운동을 벌였어. 중국은 이를 무력으로 잔인하게 막아 200만 명에 달하는 티베트 사람들이 목숨을 잃었고 수십만 명은 인도로 떠났어. 중국은 티베트의 독립이 다른 민족의 독립운동에 영향을 준다는 이유로 이 지역의 독립을 인정하지 않고 있어.

2008년 3월 17일 미국 샌프란시스코에서 벌어진 티베트 반중국 시위

인도네시아의 티모르섬은 1859년 동과 서로 나뉘었어. 동쪽은 포르투갈의 지배를 받았고 서쪽은 네덜란드의 식민지가 되었지. 1956년 서티모르가 네덜란드 식민지에서 벗어나자 인도네시아는 이를 흡수하였어. 1974년 포르투갈이 철수하자 인도네시아는 동티모르 마저 강제로 편입시켰어. 이에 동티모르는 독립을 요구하며 시위를 벌였어. 이슬람교를 믿는 인도네시아와 다르게 동티모르 사람들은 가톨릭을 믿고 있어 독립에 대한 의지가 강했지.

1999년 국제 연합이 지켜보는 가운데 동티모르의 독립 여부를 묻는 주민 투표가 시행되었어. 주민의 3분의 2가 독립에 찬성했으나 동티모르와 인도네시아 사이의 무력 충돌은 사라지지 않았어. 결국 국제 연합은 평화유지군을 파견하였고, 2002년 5월 동티모르는 인도네시아로부터 독립했단다.

독립하기 전 인도네시아 국기 앞에 서 있는 동티모르의 여인들

이러한 크고 작은 분쟁들로 생겨난 난민의 수는 어마어마해. 난민은 전쟁이나 이념 갈등으로 인해 발생한 고통을 피하고자 다른 나라나 다른 지방으로 피난 간 사람을 말해. 우리와 똑같은 사람이지. 난민들은 식량과 마실 물이 모자라고, 교육과 의료 서비스는 받지도 못하며, 임시 천막에서 겨우 살아가고 있어. 전체 난민의 절반을 차지하는 어린이들에게 엄마와 아빠 등 보호자가 없는 경우도 정말 많아. 국제 연합이 나서서 이들을 돕고 있지만 우리도 관심을 가지고 함께 노력해야 한단다.

유엔난민기구 패키지

패키지에는 텐트와 방수포, 모기장 등이 들어 있대.

유엔 난민 고등판무관 사무소(UNHCR)는 1949년 12월 3일 유엔 총회에서 창설되었어. 난민 보호와 난민 문제 해결을 위한 국제적인 조치를 주도하고 조정할 권한을 부여받았지. UNHCR은 '유엔난민기구'라 부르기도 해.

이 외에도 지구 온난화, 환경오염과 쓰레기 문제, 빈부 격차, 기아와 질병 등 전 세계가 함께 해결해야 할 문제가 많아.

사람이 사람을 생각하고 돕는 세상을 만들고, 함께 사는 세상을 만들기 위한 첫걸음이 세계의 역사를 배우는 것임을 잊지 말았으면 좋겠어. 과거를 교훈 삼아 현재를 잘 살고 미래를 대비하게 하는 근본이 역사니까.

< 세계사 연표 >

BC 250만 년	구석기 시작
BC 15000	농경 시작
BC 8000	신석기 시작
BC 3500	메소포타미아 문명 발상
BC 3200	이집트 문명 발상
BC 2500	인더스, 황허 문명 발상
BC 1750	함무라비 법전 제정
BC 1600	에게해 문명 발상
BC 1500	은 갑골문자 사용 (중국)
BC 1046	주 왕조 수립 (중국)
BC 776	올림픽 경기 시작 (그리스)
BC 770	춘추 전국 시대 시작 (중국)
BC 753	도시국가 수립 (로마)
BC 639	최초로 서아시아 통일 (아시리아)
BC 509	공화정 수립 (로마)
BC 500	석가모니 불교 창시
BC 492	페르시아 전쟁 발발 (그리스, 페르시아)
BC 451	12표법 제정 (로마)
BC 431	펠로폰네소스 전쟁 (그리스)
BC 334	알렉산드로스 대왕 원정 시작 (마케도니아)
BC 317	마우리아 왕조 수립 (인도)
BC 264	포에니 전쟁 (로마)

BC 221	진 왕조 중국 통일 (중국)
BC 202	한 왕조 수립 (중국)
BC 138	장건 비단길 개척 (중국)
BC 97	사마천 《사기》 완성 (중국)
BC 60	1차 삼두정치 시작 (로마)
BC 36	악티움 해전 (로마)
BC 27	제정 시작 (로마)
BC 4	예수 그리스도 탄생
25	후한 수립 (중국)
60	쿠샨 왕조 수립 (인도)
67	인도에서 불교 전래 (중국)
105	채륜 채후지 발명 (중국)
184	황건적의 난 (중국)
220	후한 멸망 (중국)
235	군인 황제 시대 (로마)
313	그리스도교 공인 (로마)
316	5호 16국 시대 (중국)
320	굽타 왕조 수립 (인도)
375	게르만족의 대이동
392	그리스도교 국교로 채택 (로마)
395	동·서로 제국 분열 (로마)
439	남북조 시대 (중국)

476	서로마 제국 멸망
486	메로빙거 왕조 시작 (프랑크 왕국)
500	힌두교 창시 (인도)
529	《로마법 대전》 편찬 (비잔티움 제국)
537	성 소피아 성당 건립 (비잔티움 제국)
589	수 중국 통일 (중국)
610	무함마드 이슬람교 창시
618	당 건국 (중국)
658	장건 서역 원정 시작 (중국)
661	우마이야 왕조 수립 (사라센 제국)
690	측천무후 집권 (중국)
711	이슬람 시대 개막 (에스파냐)
726	성상 파괴 운동 (비잔티움 제국)
750	아바스 왕조 수립 (사라센 제국)
751	카롤링거 왕조 시작 (프랑크 왕국)
800	카롤루스 황제 대관, 서로마 황제의 부활 (프랑크 왕국)
843	왕국의 분열 (프랑크 왕국)
875	황소의 난 발생 (중국)
907	당 멸망, 5대 10국 시작 (중국)
916	거란 요 건국
939	중국의 속국으로 편입 (베트남)
960	송 건국 (중국)
962	신성 로마 제국 시작

979	송 중국 통일 (중국)
1037	셀주크 투르크 왕조 수립 (사라센 제국)
1067	왕안석 개혁 (중국)
1077	카노사의 굴욕 (신성 로마 제국)
1115	여진 금 건국
1127	정가의 변, 남송 건국 (중국)
1147	제2차 십자군 전쟁
1159	앙코르와트 건설 (캄보디아)
1163	노트르담 대성당 건설 (프랑스)
1170	옥스퍼드 대학 설립 (영국)
1206	몽골 제국 수립
1215	마그나카르타 (대헌장) 제정 (영국)
1220	수코타이 왕조 수립 (타이), 아스테카 제국 건설 (멕시코)
1271	몽골 원 건국 (중국)
1295	마르코 폴로 《동방견문록》 완성 (이탈리아)
1299	아나톨리아에서 건국 (오스만 제국)
1309	아비뇽 유수 발생 (프랑스)
1337	백년 전쟁 (영국, 프랑스)
1347	흑사병 발생
1351	홍건적의 난 발생 (중국)
1368	명 건국 (중국)
1369	티무르 왕조 수립 (사라센 제국)
1381	와트 타일러의 난 발생 (영국)

1405	정화의 남해 원정 시작 (중국)
1450	구텐베르크 금속 인쇄술 발명 (독일)
1453	비잔티움 제국 멸망
1455	장미 전쟁 발발 (영국)
1485	튜더 왕조 시작 (영국)
1479	바르톨로메우 디아스 희망봉 발견 (포르투갈)
1492	콜럼버스 신대륙 발견 (에스파냐)
1498	바스코 다 가마 인도 항로 개척 (포르투갈)
1502	사파비 왕조 수립 (페르시아)
1517	루터 종교 개혁 (독일)
1519	마젤란 세계 일주 (에스파냐)
1526	무굴 제국 수립 (인도)
1534	헨리 8세 수장령 선포 (영국)
1536	칼뱅 종교 개혁 (스위스)
1555	아우크스부르크 화의 체결 (독일)
1560	일조편법 시행 (중국)
1562	위그노 전쟁 발발 (프랑스), 란다의 분서 발생 (멕시코)
1581	연방 공화국 수립 (네덜란드)
1590	도요토미 히데요시 전국 통일 (일본)
1598	낭트 칙령 선포 (프랑스)
1603	에도 막부 시작 (일본), 스튜어드 왕조 시작 (영국)
1613	로마노프 왕조 시작 (러시아)
1616	여진의 후금 건국
1618	30년 전쟁 발발
1620	청교도의 미국 이주 (영국)
1628	권리청원 승인 (영국)

1642	청교도 혁명 (영국)
1649	타지마할 묘당 완성 (인도)
1632	갈릴레이 지동설 주장 (이탈리아)
1644	이자성의 난, 명 멸망 (중국)
1648	베스트팔렌 조약 체결
1674	마라타 왕조 수립 (인도)
1681	청 중국 통일 (중국)
1687	뉴턴 만유인력 발견 (영국)
1688	명예혁명. 권리장전 제정 (영국)
1689	네르친스크 조약 체결 (중국, 러시아)
1701	왕위 계승 전쟁 발발 (에스파냐), 프로이센 왕국 수립 (독일)
1710	베르사유 궁전 완성 (프랑스)
1714	하노버 왕조 수립 (영국)
1726	스위프트 《걸리버 여행기》 완성 (영국)
1740	왕위 계승 전쟁 발발 (오스트리아)
1757	플라시 전투 (인도, 영국)
1769	와트 '증기기관' 발명 (영국)
1775	보스턴 차 사건(1773)으로 독립 전쟁 시작 (미국)
1789	대혁명 시작 (프랑스)
1799	나폴레옹 집권, 로제타석 발견 (프랑스)
1804	나폴레옹 1세 즉위 (프랑스)
1806	신성 로마 제국 멸망
1814	빈 회의 시작
1823	먼로주의 선언 (미국)
1830	7월 혁명 (프랑스)
1838	차티스트 운동 전개 (영국)

1840	1차 아편 전쟁 발발 (영국, 중국)
1848	마르크스 《공산당 선언》 출간 (독일), 2월 혁명 (프랑스)
1851	태평천국 운동 (중국)
1853	크림 전쟁 발발
1857	세포이 항쟁 발생 (인도), 2차 아편 전쟁 (영국·프랑스, 중국)
1859	다윈 《종의 기원》 출간 (영국)
1861	남북 전쟁 발발 (미국), 양무운동 (중국)
1868	메이지 유신 단행 (일본)
1869	수에즈 운하 개통 (이집트)
1870	로마를 수도로 통일 왕국 수립 (이탈리아)
1871	비스마르크의 주도로 통일 제국 수립 (독일)
1882	삼국 동맹 (독일, 오스트리아, 이탈리아) 체결
1885	제1회 인도국민회의 개최 (인도)
1894	청일 전쟁 발발
1896	제1회 국제올림픽 개최 (그리스)
1899	의화단 사건 (중국)
1901	노벨상 제정 (스웨덴)
1903	라이트 형제 최초 비행 성공 (미국)
1904	러일 전쟁 발발
1905	아인슈타인 상대성 이론 발표 (독일)
1907	삼국 협상 (러시아, 영국, 프랑스) 체결
1911	신해혁명, 청 멸망 (중국)
1914	제1차 세계 대전 발발
1917	10월 혁명 발생 (러시아)
1919	바이마르 공화국 수립 (독일), 파시스트당 집권 (이탈리아), 5·4 운동 (중국), 비폭력·불복종 운동 (인도)
1921	공산당 창당 (중국)

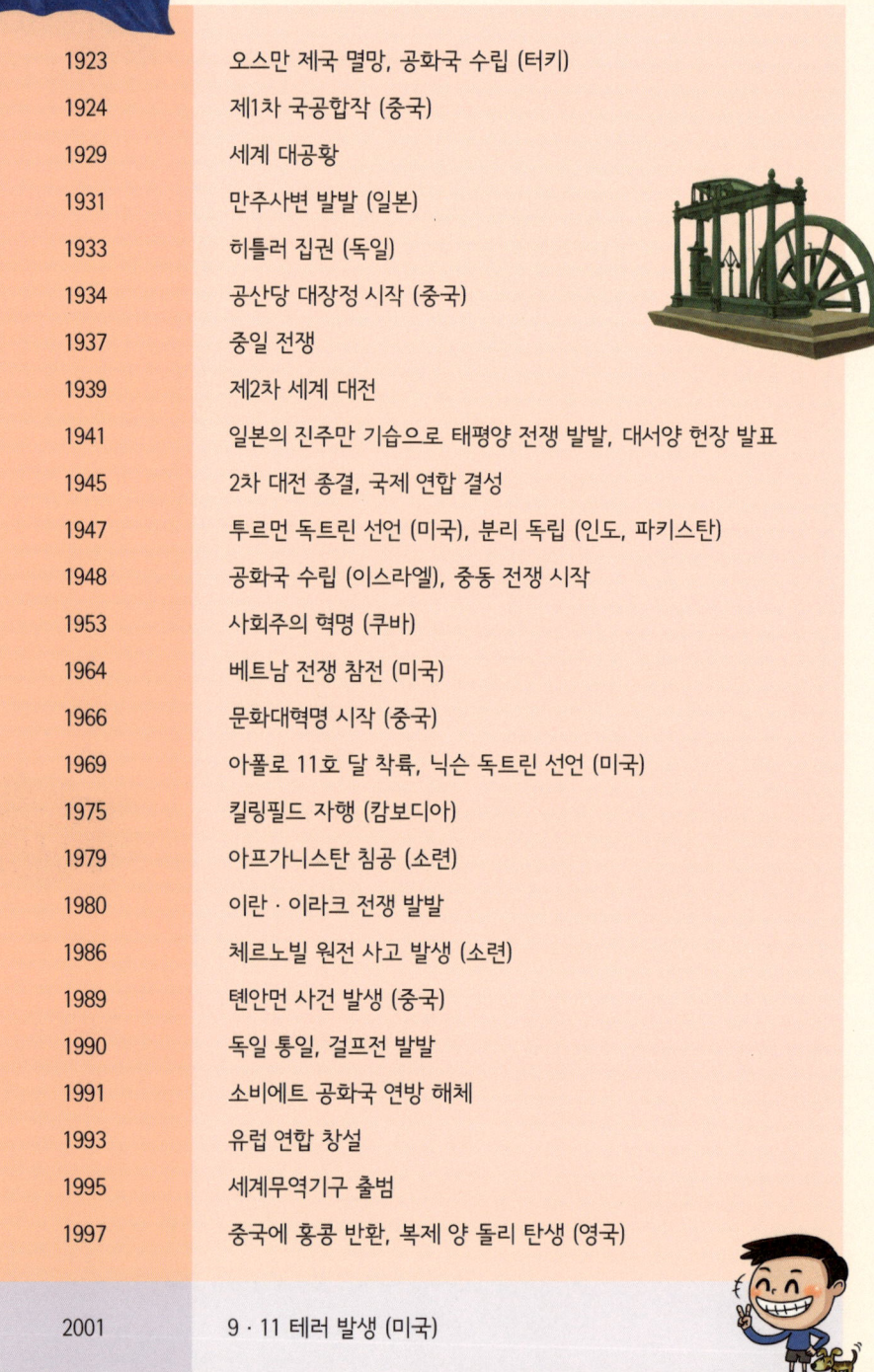

1923	오스만 제국 멸망, 공화국 수립 (터키)
1924	제1차 국공합작 (중국)
1929	세계 대공황
1931	만주사변 발발 (일본)
1933	히틀러 집권 (독일)
1934	공산당 대장정 시작 (중국)
1937	중일 전쟁
1939	제2차 세계 대전
1941	일본의 진주만 기습으로 태평양 전쟁 발발, 대서양 헌장 발표
1945	2차 대전 종결, 국제 연합 결성
1947	투르먼 독트린 선언 (미국), 분리 독립 (인도, 파키스탄)
1948	공화국 수립 (이스라엘), 중동 전쟁 시작
1953	사회주의 혁명 (쿠바)
1964	베트남 전쟁 참전 (미국)
1966	문화대혁명 시작 (중국)
1969	아폴로 11호 달 착륙, 닉슨 독트린 선언 (미국)
1975	킬링필드 자행 (캄보디아)
1979	아프가니스탄 침공 (소련)
1980	이란·이라크 전쟁 발발
1986	체르노빌 원전 사고 발생 (소련)
1989	톈안먼 사건 발생 (중국)
1990	독일 통일, 걸프전 발발
1991	소비에트 공화국 연방 해체
1993	유럽 연합 창설
1995	세계무역기구 출범
1997	중국에 홍콩 반환, 복제 양 돌리 탄생 (영국)
2001	9·11 테러 발생 (미국)

2003	이라크 침공 (미국)
2004	인도양 쓰나미 발생
2008	세계금융위기 초래 (미국)
2011	후쿠시마 원전 사고 발생 (일본)
2016	브렉시트 단행 (영국)
2018	북미정상회담 진행
2019	코로나바이러스 감염증-19 창궐